東大生が知っている！

努力を結果に結びつける17のルール

幻冬舎

ブックデザイン　ソウルデザイン

はじめに

はじめまして。株式会社プラスティー教育研究所代表の清水章弘《しみずあきひろ》と申します。この本を手に取ってくださり、ありがとうございます。僕は、教育学の研究をしながらベンチャー企業を経営している、28歳です。

早速ですが、**どうして「勉強」って面白くないのでしょうか。**

「勉《つと》めて強いる」と書きますし、なんだか修行みたいです。テストに追いかけられて、先生や親に叱られる。そんな「嫌なイメージ」をお持ちの方も多いと思います。

僕は、**どうにかして、その「勉強」を面白くしたいと思って本を書き続けてきました。**

実は、この本が、記念すべき10冊目になります。

「10冊目だから、集大成にするぞ！」と今までで最も長い時間をかけて書きました。これまで恥ずかしくて書けなかったストーリーも、詰め込みました。特別な想いを込めた結果、今までにない新しい本ができました。ここに書かれている勉強法を実践し、少しでも勉強を楽しいものへと変えて頂けたら幸いです。

そして、どんなに一生懸命努力しても、やり方を間違えていれば結果にはつながりません。これは、勉強も仕事も同じです。ここに書かれているのは、僕が大学受験、東大での学生生活、そして、塾の経営を通して学んだ、努力を結果に結びつけるルールでもあります。

ぜひ、勉強と仕事に活かして頂けますと幸いです。

ルール1から3は、「正解を求めない勉強法」です。僕が中学生時代に経験した、「教科書を飛び出す」勉強法です。僕は、それまで勉強が嫌いでしたが、この勉強法によって、勉強が好きになりました。

・「教科書」を飛び出すと、勉強は楽しくなる
・「教室」を飛び出すと、さらに勉強は楽しくなる

こんなことが書いてあります。今、入試制度が「暗記中心」から「問題解決型」に変わろうとしていますが、そのヒントにもなればと思います。

ルール4から8は、「テストの勉強法」です。僕が東大受験を通してマスターした「テストのための勉強」です。

たとえ入試制度が変わっても、基礎学力を定着させるためには暗記から逃げてはいけま

せん。テストのための勉強はとても退屈かもしれませんが、以下の2つをお伝えしたいと思います。

・テストは「楽しむ」ものである
・テストは「結果を出す」ものである

勉強はつらいことではありますが、達成感を味わいながら、少しでもテストを好きになってもらえたらと思います。

ルール9から13は、「思考法」です。大学・大学院で学んだ「知」への向き合い方や読書法が書いてあります。

・研究は勉強とは全く違う
・研究の方が、勉強より楽しい

先ほど勉強のやり方は仕事にもつながると書きましたが、勉強と比べると、研究はさらに仕事に活かすことができます。たとえば第12、13のルールで「本の読み方」について書きましたが、これは仕事で行う情報収集に役立てられます。何か1つでも使ってもらえたら嬉しいです。

ルール14から17は、「社会に出てからの勉強法」です。メンターの見つけ方や、五感の鍛え方などが書いてあります。勉強を支える健康術も盛り込んでいます。

・社会人になると、勉強&運動時間が減る
・勉強&運動を続けるためにはコツがある

社会人として、僕はまだまだ未熟ではありますが、自分が取り組んでいることを書きましたので、何かのヒントにして頂けたら幸いです。


最後になりましたが、簡単に自己紹介をさせて頂きます。

会社は20歳（大学3年生）の時に創業しましたので、8年間、学業と社長業を両立してきました。仕事内容としましては、大きく3つに分かれています。

1つ目は、学習塾の経営です。「勉強のやり方」を教える塾を経営しています。場所は東京の飯田橋。生徒数は250名ほどです（2016年3月に京都校も開校する予定です）。

2つ目に、学校支援事業です。青森県三戸町《さんのへまち》をはじめとして、全国のいくつもの教育委員会や学校で学力向上を支援させて頂いております。

3つ目は、コンテンツ事業です。学習アプリを作ったり、キャリアイベントを開催したり、本を書いたり、連載を書いたりしています。有り難いことに、本の発行部数は電子版を入れると30万部を超えております。

色々とやっているようですが、「勉強のやり方」を教えることで「勉強の楽しさ」を感じてもらいたいという軸からはブレずに、8年間、会社を経営してきました。この本には自分の体験や、生徒と接する中で学んだエッセンスを余すところなく詰め込んでいますので、最後までお読み頂けたら嬉しいです。

そして、コラムには、今まで書いた（話した）ことのない「起業前夜」について書いています。「恥ずかしくて忘れたい過去」を掘り起こして、あえて本にした理由は、同世代や後輩達に「気楽にチャレンジしてもらいたい」という願いからです。

「勉強法を変える」「何か新しいことを始める」「生活リズムを改善する」、なんでも構いません。この本を読んで、何か新しい挑戦をしてもらえるのであれば、著者冥利に尽きます。

努力を結果に結びつける17のルール　目次

第1のルール

枠を飛び出す

勉強は「黒板を写すこと」ではない

まだたった28年間しか生きていませんが、自分の人生がいつから開き始めたかと言えば、今からちょうど半分生きた頃、つまり中学2年生の時です。

ご縁があって、僕は新宿区の海城中学校という私立の中高一貫校に入りました。中学受験で第一志望の中学に落ちてしまったこともあり、最初は後ろ向きの中学生活を過ごしていましたが、社会のとある授業をきっかけに、中学生活の全体が楽しくなってきたのを覚えています。

それは、1学期に1本ずつ、自分で設定したテーマでレポートを書くという授業でした(今でも海城では行われている授業です)。この授業を受けるまでは、勉強というものは、「授業を静かに聞いて黒板をノートに写すもの」と思っていましたが、これを契機にガラッと変わりました。

「自分でテーマを選びなさい」と言われたものの、社会に問題意識なんて当然持っていませんので、調べたいテーマなどあるはずがありません。

「困ったなぁ……」と悩みながら、まず、日曜日にテレビをつけてみました。すると、『日曜討論』みたいな番組が流れていました。テーマは「ゆとり教育の是非」。

「これからゆとり教育が始まる！」「円周率が3になる！」「1987年生まれ以降は、ゆとり世代になって頭が悪くなる！」と激論が交わされていました。それをぼんやりと眺めながら、僕は、「大変なことが始まるんだなぁ。それにしても、1987年生まれの人は可哀想に……」と思いました。

……………あれ、ちょっと待てよ。

僕は1987年生まれじゃないか！

今まで教育というものに全く関心がなかった僕でしたが、たまたまゆとり第一世代に選ばれたということに運命的なものを感じ、番組をよく観てみることにしました。

すると、「僕らが決めた制度じゃないのに、どうして僕らが馬鹿にされなきゃいけないんだろう」と不思議に思うようになりました。他に調べたいテーマも特になかったので、「ゆとり教育の是非」というレポートを書いてみようと決めました。

テーマは決まったものの、困ったことが1つありました。それは、レポートを書くにあたって、取材を2箇所以上すること、というルールでした。友達に話を聞いてみると、「親の知人を紹介してもらったよ」「市役所とかは必ず取材に応じてくれるよ」と教えてくれました。ただ、うちの父は教育から縁遠い仕事をしており、知人には教育関係者はいません。そして、「ゆとりの教育」について市役所に取材するのもおかしな話です。

そこで突然思いついたアイデアがありました。

それは、その番組に出ている方々に取材をするということ。早速僕は調べ始めました。でも、どうしたらいいのだろう。今ではWebサイトがありますが、当時はしっかりとしたものがあまりありませんでした。図書館の方に相談をしてみたところ、『マスコミ電話帳』（宣伝会議）というものを教えてくれました。著名人の連絡先はそこで調べ、学者の方は大学の連絡先を調べました。

受話器を手に取り、電話をかけ始めました。

「はじめまして。海城中学2年6組19番の清水章弘と申します。現在、私は中学校の社会のレポートでゆとりの教育について調べています。レポートを書き上げるにあたって、○○さんにお会いして取材をさせて頂きたいのですが、40分ほどお時間を頂けませんでしょうか」

このセリフは、何百回も話したものなので、今でも鮮明に思い出すことができます。振り返るたびに笑ってしまうような、「マセた」セリフです。今この電話に私が出たら、クスッと笑ってしまうことでしょう。

ただ、驚くべきことに、この電話でほとんど全ての取材依頼が通ってしまったのです。子どもの未来を語っておられる方々だから、子どもの取材を断りづらかったのかもしれません。結果、「尾木ママ」として有名な教育評論家の尾木直樹さん、「受験の神様」の和田秀樹さんなど、数多くの著名な方々に取材をさせて頂くことができました。

中学生だったからでしょう。取材では大変可愛《かわい》がって頂きました。今振り返ってみると、顔から火が出るほど恥ずかしいことですが、手土産1つ持って行かずに訪問していました。そんな中学生に「お菓子あげるよ」「こんな本読んでみなよ」「資料をコピーしておいたよ」と皆さん優しく接してくださいました。心から感謝しております。

▼▼▼ 世代が違うからこそ、多くを教えてもらえる

最も印象的だった方は、早稲田大学で第12代総長をされていた、法学者の西原春夫先生です。西原先生は当時、国士舘大学の理事長をしておられました。ご多忙を極めておられ

るにもかかわらず、西原先生は1時間半も時間を割いてくださり、レポートに関係のない話もしてくれました。それは、「森羅万象、全てが師」という話でした。

西原先生は若くして、お母様を亡くしてしまったそうです。別れ際に「春夫、偉い人になりなさい」と言われ、西原先生はそれ以来、「偉い人になるんだ」と心に刻んでいたそうです。

ただ、ふと「偉い人ってなんだろう」と考えるようになった。そこから多くのことを学び始め、今、達した境地は、「森羅万象、全てが師」だとおっしゃっていました。

つまり、**自分の好きな人からだけでなく、嫌いな人からも学ぶ。**人間からだけでなく、他の動物や植物からも学ぶ。良い経験だけを見つめるのではなく、悪い経験からも学ぼうとする。そんな姿勢が大切だと思うようになったそうです。

「だから私は清水くんからも学ぼうとしているんだよ」

優しいまなざしで、強く語ってくださいました。

僕みたいな中学2年生に、こんな偉い方が一対一で、きちんと話をしてくださるなんて……。最後に、西原先生はこうおっしゃいました。

「教育は人をつくり、その人が社会をつくる。だから教育は大切なんだ」

僕の夢が、教育関係の仕事につくことに決まった瞬間でした。

中学でのレポートは、全て教育問題について書きました。「凄《すご》い人達に会える！」というミーハーな気持ちもあったかもしれませんが、取材にもハマり、気づけば中学時代に100人以上に取材をさせてもらいました。

枠を飛び出すと、出会いがある

また、レポートを書くにあたって教育学の専門書も手に取るようになり、少しずつ論文も読むようになっていきました。

その中で一番面白いと思ったのが、佐藤学先生、市川伸一先生など、東大教育学部の先生方が書かれたものでした。「ゆとり教育vs詰め込み教育」という二元論に陥らず、豊富な知識と経験から問題の本質を見極め、それを平易な言葉で丁寧に語りかけてくれる先生方は、僕にとってヒーローでした。

「いつかこんな先生に教わってみたいなぁ……」

そんな夢をぼんやりと抱くようになり、教育への想いがどんどん強くなっていきました。

東大の教育学部を意識し始めたのは、その頃です。

学校を飛び出して、色んな大人に会ったこと、さらには教科書という「枠」を飛び出して本を読んでみたことが、自分の人生を開いたのではないかと思います。


こうやって書いていると、明るい思い出ばかりのようですが、周りの方々に迷惑をかけてしまったことも事実です。

中学2年生の頃、いきなり校内放送で呼び出されました。

「2年6組の清水、職員本部室まで来なさい」

オドオドしながら中学校の職員室まで行ったところ、先生にこう言われました。

「慶應義塾大学のN教授から校長先生にクレームの電話があった。清水を厳重注意して欲しい、とのことだ」

まじか……。そういえば、何日か前、慶應義塾大学のN教授の研究室に電話したな……。

記憶を辿《たど》りながら、何か失礼がなかったか真剣に考えました。大学に電話して、N教授の研究室の番号を教えて頂いて、そこに電話した。するとN教授が出てくれて……。あぁ、あれだ。

「こうやって直接電話してくるなんて、失礼な中学生だ」

そう怒られたのを思い出しました。いつもは許してもらえた必勝・突撃アポ取り作戦も、失礼と思われることがあるのだと学びました。やはり、中学生だから大目に見てもらっていた部分が大きかったのでしょう。大変お恥ずかしい話です。

「僕、停学になったりするのでしょうか……?」

心配になりながら経緯を先生に話してみたところ、「言葉遣いが悪かったのかもしれない、気をつけなさい」と言われ、最後にニヤリと笑ってこう続けてくださいました。

「つらかったろう。まぁ、そういう大学だってことだよ。行きたくなくなったろう?」

何をおっしゃっているのかわからないまま、「はぁ……」とうなずいたところ、満足気にその先生は帰っていかれました(後から聞いた話ですが、その先生はもちろんW大学出身でした)。

学んだこと

【答えがない学びは、学ぶ人を成長させる】

第2のルール

自分の居場所は自分でつくる

コンプレックスは全ての原動力

生まれてから大学に入るまで、僕は兄にコンプレックスを感じていました。男3人兄弟の末っ子として生まれましたが、長兄とは7歳違い、次兄とは2歳違いでした。必然的に、次兄とは常に比較されることになります。

当時ガキ大将タイプだった次兄は、運動だけでなく勉強もよくできました。同じ公立小学校に通っていたので、自慢の兄でした。ただ、少しずつ母からの比較がつらく感じられるようになりました。

「授業参観の時、お兄ちゃんのクラスでは鼻が高かったわ」

何気ない母の一言が胸に突き刺さりました。申し訳ない気持ちと、「俺のことだって見てくれよ」という嫉妬心が入り混じりました。

「3人を比較したりしないわ。みんな違ってみんないいのよ」

母は口癖のように言っていましたが、いつからか、それが慰めに聞こえるようになりました。

兄へのコンプレックスが表面化したのが、中学受験でした。兄は都内で最も偏差値の高い私立中学校、「ペンは剣よりも強し」を校章にしたK中学に合格した一方、僕は直前の試験で合格可能性20%をたたき出したにもかかわらず、そのまま無謀にも受験して不合格。合格発表直後の悲しそうな母の表情は、冷たい針のように心に刺さりました。

「なんとかして自分の居場所をつくりたい！」「俺のことも見てくれ……！」

情けないことに、そんなことを思うようになりました。

時が経って、中学1年生の冬。

「生徒会の選挙が12月にあるけど、出るやついるか〜？」

担任のU先生に言われました。

「そういえば、小学校の時に生徒会の書記になったなぁ」

小学校時代の記憶を辿って思い出に浸りながら、「やってもいいかなぁ」と思いましたが、目立つと水面下で敵が増える青春時代。

立候補しそうになった自分を制してホッとしている矢先、ふとアイデアが浮かびました。

「ひょっとしたら、これはチャンスかもしれない」

なんのチャンスかと言えば、親の気を惹くチャンスです。

なんともお恥ずかしい話ですが、そんな動機からクラスのもう1人と一緒に手を挙げてしまいました。

立候補できる役職は、生徒会長と副会長。一般的に生徒会長に次年度の中3（現中2）が、そして副会長に次年度の中2（現中1）が就任していたので、僕は副会長に立候補してみました。

しかし、手を挙げてみたところまでは良かったものの、すぐに後悔しました。

「しまった……。落ちたら恥ずかしいどころか、家での居場所がさらになくなるんじゃないだろうか……」

これは、ヤバい。混乱しつつ、頭を悩ませました。なんとかしなきゃ……。

他の候補者を見たら、現職で副会長をしている先輩がいました。僕よりずっと知名度がありょます。友達も多そうな先輩。あぁ、どうしよう。絶体絶命。なんで立候補なんてしちゃったんだろう。逃げたい。

「はぁ」

漏れる吐息。でも、やるしかない。プライドをかけて。自分のために。

中学1年生の、1ヶ月間の戦いが幕を開けました。

▼▼▼ 1人でできないことは、周りを巻き込む

「まずは、なんとかして名前を覚えてもらわなきゃ……」

悩んだ末、僕が選んだ行動は、選挙ポスターと演説を工夫すること。選挙ポスターは某ドラマのパロディで「同情するなら票をくれ」と顔真似をして写真を載せました。なんともお粗末な発想でしたが、他のものより目立つことができました。

でも、ポスターだけではインパクトが小さい。そこで選挙演説で危ない勝負を仕掛けました。それは、もはや思い出すだけで頭が痛くなりますが、「上半身裸で水をかぶって気合いを見せる」というもの。

選挙は12月なので、もう真冬です。場所は前庭。バケツに水を入れ、僕はマイクで訴えました。

「皆さんに質問があります。今の生徒会に欠けているものはなんでしょうか。それは、気合いです。気合いが足りないんです！　僕は今から水をかぶって気合いを見せます！」

体操服で登場した時は「なんだこいつは」と冷たい視線が飛び「間違っちゃったな」と

後悔しましたが、上半身を脱ぎ始めるや否や、会場は一気に盛り上がりました。クラスの友達をサクラとして仕込んで、清水コールをしてもらいました。

「し〜み〜ず！　し〜み〜ず！」

他のクラスの友達や先輩も騒いでくれ、場が温まったタイミングで、ザバァーッと水をかぶりました。

よし、これならいける！　とガッツポーズ。ただ、次の時間が体育だったことを忘れていました。下半身の体操服もびしょ濡れだったので、体育の先生には怒られるし風邪は引きそうになるし大変でしたが……。

選挙演説から1週間後、投票日の朝、体育館で全校生徒の前でもう一度、演説する機会をもらいました。そこで、僕は、公約を掲げました。

それは、「指定かばんの自由化」でした。当時、海城中学は「白かばん」という指定かばんの使用が義務化されていました。海城は元々、海軍予備校（海軍兵学校の予備校）だったので、昔の名残で戦時中の肩掛けかばんに近いものが指定されていました。海城生のトレードマークになっていましたが、生徒の不満は募っていました。

生徒会の顧問の先生に聞いてみたところ、「生徒会は10年以上前から『変えます』って言ってきたんだけど、まだ誰もできていないんだよね」と教えてくれました。

「この公約を掲げればいける……」

そう確信した僕は、「白かばんを、変えます！」と叫んでいました。会場は大盛り上がり。

お昼休み、放送委員会が校内放送で、開票速報を発表しました。

現職の先輩、２００票。清水章弘、２５０票。やったー、当選したぞー！

……でも、意外と票差が小さい。あの水かぶりや公約がなければ、新参者の中1が当選するなんて絶対にありえなかったんだろうな、とホッとしました。危ない、危ない……。

家に帰って報告すると、母は喜んでくれました。元々、母はリーダー格。

「あなたは私に似たのね！」

僕は、なんだか嬉しくなりました。これで家に居場所ができそうだぞ、と安堵《あんど》感に包まれながら、眠りにつきました。

やるしかない状況をあえてつくる

翌朝、新大久保駅からロッテ工場の裏を通りながら、清々《すがすが》しい気持ちで登校しました。

すると、友達の呼ぶ声が聞こえます。

「副会長！　副会長！」

昨日まで「シミズ」だったのに、何やら偉くなった模様。嬉しいような恥ずかしいような気持ちで、「やめろよぉ」なんて答える僕。微笑ましいワンシーン。でも、それも束の間でした。

学校前の坂をのぼりながら、友達に聞かれました。

「白かばん、いつ変えてくれるの？」

それは、期待の目でした。脳裏に浮かぶ、1週間前の記憶。

「今の生徒会に欠けているものはなんでしょうか。それは、気合いです。気合いが足りないんです！」ザバァーッ……。

親の気を惹きたい一心で立候補した生徒会副会長。その過程で学校全体の気を惹いてしまった。

正直なところ、当選後のことを考えていなかった。「気合い」を全面に押し出し、「白かばんを、変えます！」なんて叫んでしまった、昨日の自分を呪いました。

ダメだったら、親どころの話ではありません。学校全体から「口先だけの水かぶり男」

として笑いものにされる。

「これでやらなきゃ詐欺だよな……」

選挙という1ヶ月の短期決戦を終え、次の決戦は1年間。腹をくくりました。すると、少しずつ、やる気が出てきました。

さぁ、校則を変えられるのか。

長いような短いような戦いが、幕を開けました。

学んだこと

【退路を断つと、やる気が出る】

第3のルール

文句があるならルールを変える

「指定かばんを自由化する！」そう決めた僕達は、まず、前例を調べ始めました。この学校で、校則を変えたことがあるのだろうか、そもそも、校則ってどうやって変えればいいのだろうか……。すると、ずっと前に、学校の帽子、つまり校帽の自由化がされていることがわかりました。

「なんだ、いけるんじゃん」

少し希望が湧いてきました。でも、そういう前例があるのに、どうして白かばんは変えられないんだろう……。次に始めたのは、失敗の分析でした。どうして今までの生徒会は自由化できなかったのだろう。

▼▼▼目標をブレさせない

調べた結果、事態は意外とシンプルでした。生徒と先生の間で、感情のぶつかり合いが起こっていたのです。つまり、「白かばんなんて使っていられない。そもそも守られていない校則なんて存在する意味があるの？」という生徒の主張と、「規則を守れない人のために校則を変えるなんてありえない話だ」という先生の主張とのぶつかり合いです。「これじゃ校則が変わるわけがないよな……」

そう考えた僕は、まずは先生の感情を優先することを選びました。「それは先生の立場が上と言っているようなものだ。もっと先生と戦わないと！」と言う生徒もいましたが、それだと変わらないのは歴史が証明済です。あくまで目的は校則を変えること。そこをブレさせてはいけないと考えました。

「まずは、規則を守ることができます、と先生にアピールしよう」「権利を主張する前に、やるべきことをやろう」

その日から、僕達は毎朝、誰よりも早く登校して正門に立ち始めました。言うなれば、「全員で白かばんを使いましょう運動」です。「校則を変えるので、とにかく全員使ってください」とお願いしていきました。上級生は中1の僕の話を聞いてくれませんでしたが、生徒会長の先輩も時々来てくれたので、助かりました。

「数値化した方が説得力があるだろう」という判断で、白かばんの使用率を数字で表しました。呼びかけながら、人数を計算する毎日。続けていると、先生方も「お、頑張ってるな」と応援してくれるようになってきました。生徒達の間にも「ひょっとしたら何かやってくれるかもしれない」というムードができてきました。全員の目に留まる場所で毎日続けたことが良かったと思っています。

80%、90%、95%……。使用率がどんどん上がっていきます。1ヶ月くらい経った時に、とうとう100%になりました。やったー！

ただ、生徒全員が白かばんを使うようになっただけでは、本当に「規則を守れるのか」を証明することはできません。

「誰からも文句を言われないようにしよう」

そう考えた僕達は、白かばん使用率以外にも着手していきました。向かった先は、食堂。昼休みに生徒が集まる場所で、トレーを戻さなかったり、ゴミを放置したりと問題になっていました。そこで始めたのが、「ゴミゼロ運動」。使う前より綺麗《きれい》にして帰ろう、というシンプルなルールを提唱しました。

「食堂は白かばんに関係ねーだろ」と先輩達にブツブツ言われながらも「すみません、すみません」と頭を下げながら、お願いを続けていきました。この頃になると、「生徒会を手伝ってあげてもいいよ」と協力してくれる仲間も増えてきたので、彼らと手分けして進めていきました。

生徒をまとめながら、同時進行でＰＴＡに協力を要請していきました。こう書くと「学費を出してくれる方々に話を通すのがスジだろう」という冷静な判断ができていたかのようですが、この行動は「味方につけられる人は全部つけてしまおう」という危機感から来ていました。順序立てて考えることなんて、当時中学1年生だった僕にできるはずがありませんでした。とにかく必死だったのです。

「こんばんは、○○会長のお宅でしょうか。海城中学生徒会の清水と申します」

ＰＴＡ会長さんに直接お願いをして、アンケートを取らせて頂きました。賛成／反対だけでなく、根拠となる意見も丁寧に集めていきました。すると、生徒には見えない視点も見えてきました。たとえば、「白かばんは汚れが目立つので洗濯が大変だ」「こんなかばんなら使わせたい」などです。こういった声を一からまとめ上げていきました。

▼▼▼ 感情論だけで終わらせない

「そろそろ先生にアピールしていこっか」

生徒をまとめ、保護者の方々の意見をまとめたので、いよいよ先生方への「要望書」作成に取り掛かりました。「意見書」ではなく「要望書」という言葉を使ったのは、あくまで先生方に「お願いする」スタンスを貫きたかったからです。

要望書には、「容量の小さい白かばんには教科書が10冊しか入らないが、リュックには20冊入る」などのように**出来る限り数値化して書くようにしました。感情論だけにならないようにするためです。**もちろん、保護者のアンケートも添付しています。

今となっては「よくやったなぁ」と思うのですが、力のある先生方への根回しも忘れませんでした。いや、根回しという表現は不適切かもしれません。正確に言えば、「泣きつき」でした。

「どうしても要望書を受理して頂きたいので、ご協力お願いします」

「他に書き加えることはありますでしょうか」

校長先生や理事長先生のところへも通いました。この時に海城学園の理事長先生が優しく対応してくださったのは今でも覚えています。「新しいジェントルマンを輩出したいんだ」と澄んだまなざしで語りかけてくださり、握手をしてくれました。「この学校に入って良かった」と救われた気持ちになりました。

ただ、息をつけたのも束の間でした。この時期になると、友人や先輩から、期待より焦りが伝わってくるようになりました。

「これだけやっているんだから、必ず指定かばん自由化しろよな」「いつまで時間かかってるんだよ」「早くしないと卒業しちゃうよ」

多くの友人や先輩からプレッシャーがかかり始めます。

「大丈夫です、なんとかやります」

確かな手応えを感じていましたので、強く返していました。でも、ふと気がつきました。

「任期終了まで、あと3ヶ月しかない……」

学年も1つ上がり、中学2年生。そして、季節はもう夏でした。要望書を提出したとしても、審議が始まって決定されるまで、さらに時間がかかってしまう。

任期があと3ヶ月しかない！

「このままだと生徒全員を敵に回すことになるんじゃないか」

怖くなってきました。

「感傷に浸っている場合じゃない」と初めて不安を覚えるようになりました。

とにかくスピードを上げよう。なんとかしなきゃ。なんとかしなきゃ……。焦れば焦るほど、アイデアが出てこなくなりました。とりあえず要望書を提出して、後は「神頼み」

で待つしかないのか……。

諦めかけた頃、歴史の授業を思い出しました。時代は明治維新。鎖国から一転して、あっという間に開国していくストーリーをドラマチックに教えてもらった授業でした。

「日本は島国なので外圧に弱いんだ」

先生がそう言っていたのが、ふと頭に浮かんできました。

「黒船が欲しい！」そう願いました。でも、今の学校にとって、黒船ってなんだろう……。

パラパラと要望書を見返していると、「肩掛けかばんだと片方の肩に負担がかかって痛くなる」という意見が目に留まりました。

背中がゾクッとしました。

「これだ！」

僕達が電話した先は、海城の近くの社会保険中央総合病院（現ＪＣＨＯ東京山手メディカルセンター）でした。

「取材のアポ取りは任せて！」

正門横の公衆電話前に10円玉を積み、１枚ずつ力を込めて流し込みました。

「海城中学の生徒会の者です。整形外科の先生に取材をさせて頂けますでしょうか」

最後の願いを込めて、病院を訪れました。

「肩掛けかばんを数年間使い続けることは、青少年の骨の成長に影響を及ぼす」

整形外科の先生の裏付けをもとにレポートを作成し、それを添付して提出。校長先生や理事長先生からの後押しもあり、見事、要望書通り、指定かばんが自由化されることになりました。

文句ではなく、お願いをする

終わってみると呆気《あっけ》ないもので、嬉しさよりも、安堵感の方が強かったかもしれません。中学2年生なりに緊迫した数ヶ月間を過ごしたので、どっと疲れが出ました。新しい制度に移行することになり、やるべきこともむしろ増え、問題も山積みで、忙殺されました。そこからの記憶はほとんどありません。

その冬、同級生のYくんから1通の年賀状が届きました。

「1年間お疲れ様。ありがとう。みんな新しいかばんを使っているよ、笑顔で！」

「笑顔で」の部分が太くて大きな文字で書かれ、楽しそうに笑い合う中学生の絵が描かれていました。あぁ、見てくれている人はいるんだなぁ、と喜びがこみ上げてきました。

ちなみに、この経験で味をしめた僕は、校則を変えるのにハマっていき、高校で生徒会長に就任した時には「食堂の改革」に着手しました。

海城の食堂には、カラオケチェーンも手がける、外食産業の大手企業が入っていましたが、「味噌汁《みそしる》が冷たい」「メニューが少ない」など色んな不満が寄せられていました。

食堂の改革も、「白かばん」の時と同じ段取りで進めていきました。

「権利を主張する前にやるべきことをやろう」と、食堂を綺麗に使うことをもう一度徹底した後、生徒や保護者の方々の意見を集め、食堂の方々と交渉を重ねていきました。

ここでも、「文句を言う」のではなく、あくまで「お願いする」ことに努めました。高校生が生意気に文句を言って解決するわけがありませんし、そもそも、お金を払っているのは僕らではなく親ですから……。

結果として、他の業者さんが入ってくれることになりました。ただ、海城に勤めてくださっていた従業員の方々はそのまま新しい業者さんが雇ってくださったらしく、今も海城の食堂を支えてくださっています。

学んだこと

【小さな一歩を積み重ねれば、大きなことができる】

コラム1　人生を変えてくれた花屋のお兄ちゃん

東京から電車で1時間。千葉県の北習志野というところで僕は生まれました。自転車で15分くらい走れば、田畑が広がっているような地域で、幼少期は近所の公園で兄と外遊びばかりしていました。「子どもの仕事は外で遊ぶこと」という両親の教えを忠実に守り、泥だらけの毎日を過ごしていました。Ｊリーグの勃興期、多くの友達と同じように、僕の夢はサッカー選手になることでした。

親の仕事の関係で、小学校に上がる直前から数年間、東京の千代田区で暮らしました。東京はサッカーも盛んだったので、親に頼んですぐにクラブチームに入団させてもらいました。元Ｊリーガーの方々がコーチをしておられるクラブチームに通い始め、練習三昧。都内でも勉強そっちのけでサッカーばかりやっていました。次第に本気でプロを意識し始めるようになった頃、人生を変える花屋のお兄ちゃんに出会いました。

当時、コーチが「ボールは手で触ってはいけない」と常々おっしゃっていたので、グラウンドに向かう時もドリブルをしていました。

毎日家の前をドリブルで通っていると、駅前で花屋をやっている20代のお兄ちゃんが、「ヘイ!」とボールをパスして欲しそうなポーズをしてくれました。金髪でロングヘアーのお兄ちゃんでしたが、笑顔が素敵な方。僕も嬉しくて、すぐにパスをしました。その直後、僕は目を見張りました。

ボールが足に吸い付いていったのです。華麗な足さばきでボールの感触を確かめたお兄ちゃんは、間もなくリフティングを始めました。

「この人はただ者じゃないな」

サッカーをやっている人なら一瞬にして気づくくらいの、ハイレベルなテクニックでした。きょとんとしている僕に微笑みかけながら、お兄ちゃんは1本のバラをくれました。

「母さんにあげな」

衝撃的で不思議なお兄ちゃんに、僕は興味津々でした。ある日はサッカーについて教えてくれました。またある日は、お兄ちゃんの友達がいる駅前屋台でベビーカステラを大量にご馳走《ちそう》してくれました。

しばらくして、僕は千葉県の北習志野に引っ越しをすることになりました。すると、お兄ちゃんが悲しそうな表情で僕を見つめ、ゆっくりと語りかけてくれました。それは、このような内容でした。

お兄ちゃんは、小学生の頃にサッカーを始め、中学生ではヒーローだったようです。高校はサッカー推薦で倍率が数百倍の「サッカー名門校」に入学しました。上達し、このまま順調にプロで活躍できるだろうと、誰もが信じていました。

でも、腰を怪我してしまい、バラ色だったサッカー人生が急転してしまったのです。椎間板ヘルニアでした。故障者に対する皆の目は急に冷たくなり、サッカー部を退部。サッカー推薦で入ったので居場所もなくなり、結局高校を中退してしまったとのこと。

そして今、たまたま出会った花屋の仕事をしている、と……。

どこからどう見ても、花屋のお兄ちゃんは輝いていて、かっこいい仕事に思えましたが、当時のスターだった頃の記憶を忘れられないままだったのかもしれません。そのお兄ちゃんが引っ越す僕に、こう言っていました。

「怪我したら終わりだよ。お前は勉強した方がいいよ」

当時の僕には理解し切れなかったはずですが、頭の片隅にずっと残っていました。小学4年生の時、サッカー選手にならず中学受験をしたいと親に伝えたのは、花屋のお兄ちゃんの言葉があったからです。

そして、3年間の受験勉強を終え、海城中学のサッカー部に入った僕は、サッカーに熱中しました。都大会でベスト8に入ったり、日韓ワールドカップがあったりとサッカーの楽しさが心に染みわたっていました。お兄ちゃんの存在を忘れていた頃、事件は起こりました。

朝、起きても、立てない。

腰痛でした。学校に行っても座って授業を受けることができなくなりました。結果、家で寝たきりの状態。

病院でレントゲンを撮りました。病名は、軽度の椎間板ヘルニアと脊椎分離症。

お兄ちゃんと出会って7年後、奇《く》しくも僕も腰を痛めて歩けない状態になったのです。

中学受験をせずにプロを目指していればなれていたとは到底思えませんが、あのままプロに挑戦していたら、と思うとゾッとします。

数年後、かつて住んでいた駅に降りた時、もうお兄ちゃんはいませんでした。

今は何をしておられるのでしょう。残念ながらもう顔は思い出せません。

どこかの駅前に花屋さんを見つけると、この人があのお兄ちゃんだったら、と想像してしまいますが、もう確かめようもありません。

今まで多くの本を書いてきましたが、一度も語ったことのない、そしてもう語ることもないであろう花屋のお兄ちゃんにこの本を捧《ささ》げます。

僕に勉強するきっかけを与えてくれてありがとうございました。

第4のルール「やらないこと」を決める

「清水ってもう少し成績良くなかったっけ？」

生徒会活動をきっかけに、学校生活は楽しくなりました。サッカー部も順調に勝ち進んでいきましたし、悩みを打ち明けられる友達も、少しずつ増えてきました。ただ、課外活動が充実してくるにつれて、勉強の成績は下がっていきました。

中2でクラスが替わった後、中1の僕を知っている人に言われたのが、その一言でした。「成績悪いよね」と言われるのもつらいですが「成績下がったよね」「昔は成績良かったよね」と言われるのも、つらいものです。

（去年の成績とか忘れてくれよ……）

悪気のない友達の一言に悔しさを覚えながら、自分の1年間を思い出しました。すると、成績が下がった原因はとてもシンプルなものでした。

海城の中学入試は、2月1日と2月3日の2回に分けて行われます。都内の中学受験では2月1日に第一志望校を受験しますので、海城においても1日の受験生は第一志望、3

日の受験生は第二志望（人によっては第三志望）の人達でした。結果として1日より3日の方が競争率が高く、偏差値も上がります。

僕は3日に受験して入りました（1日に受験したK中学に落ちました）ので、学年全体で言えば、海城には少し余裕を持って入学したことになります。入学当初は成績が良かったのですが、それは単に中学受験時代の「貯金」が残っていたからに他なりません。中2になって成績が下がり始めたのは、「貯金」を使い果たしたからです。

「なんとかして成績を上げたい！」

そう思った僕は、自分の勉強法を見直し始めました。「部活も生徒会も楽しいし、成績は悪くてもいいや」と思っても良かったのですが、「勉強もできたらかっこいいかも」という単純な理由で始めました（勉強を始める理由に大義名分なんて要らない、と僕は考えています）。

とは言え、勉強ばかりをするのは気が進まなかったので、「やらないこと」を3つ作りました。この「三大原則」は自分の勉強法の原点となっています。

第一原則：授業中に寝ない

第二原則：勉強している「つもり」をしない

第三原則：勉強しない日をつくらない

それぞれ説明していきましょう。

▼▼▼ 始める前に「姿勢」をつくる

学校の勉強において、最も大切なものは授業です。「ここは知っているなぁ、疲れているし寝てしまおう」と思いたくなりますが、そこで寝てしまうと起きた時に「え、ここ知らない！」と「浦島太郎状態」になりかねません。

寝てばかりいると授業についていけなくなるばかりでなく、先生も敵に回してしまいますし、全体として気持ちも緩んでしまいます。「気がついたら意識が飛んでいた」くらいなら仕方ないのかもしれませんが、「眠いなぁ、寝てしまおう」と意識的に寝るのはやめるようにしました。

ちなみに、このルールを決めてから、気持ちが少し強くなったように思えます。「授業中に寝ない」という小さなルールですが、その小さなルールを守り続けることが、強い気持ちを作ってくれたのではないかと思います。これは後述の「凡事徹底」（P.81参照）につながります。

高校に入ってからは、「授業中に寝ない」というルールを少しストイックに「授業中に覚える」と変更しました。高校時代は大学受験も近く、それまで以上に時間がありません。「授業が終わった時点で授業内容が頭に入っていたらどんなに楽になるだろう」と思うようになりました。自分の授業態度を見直していると、「板書を写しているだけで、内容を理解したり覚えたりするのに頭を使っていない」ということに気がつきました。

▼▼▼暗記中心だと、伸びは頭打ちになる

これを改善するために、やるべきことはシンプルです。**「黒板を3回読んで覚えてからノートに書く」**のです。これをすると、ノートに書く時に1回目の復習ができるようになります。授業が終わった時点では、かなりの内容が頭に入っています。

とは言え、どんなに授業に集中していたとしても、進度が速くて、授業後に習ったことを再現できないこともあります。そこで思いついたのが1分間の「復習サンドイッチ」という勉強法です。それは、授業後の1分間でその授業を「短期集中」で覚えてしまい、そして次回の授業前の1分間で前回の授業内容を「短期集中」で復習するというものです。

数学であれば、その日に扱った問題の「解き方」を何も見ずに説明できるかどうかを確

認します。数字を使わずに、解き方だけを説明します（計算式を書きながら解くことを「手で解く」と言いますが、その一方でこれを「目で解く」と僕は言っています）。

英語であれば、その日に扱った教科書の文章を、ヒントなしでサーッと一読して、意味が取れているかを確認していくのです。

ただ、授業中に覚える、と書きましたが、ここで1つ注意があります。暗記中心で考えると、成績の伸びは頭打ちになる、ということです。わかりやすい表現を求めて「覚える」「頭に入れる」と書いていますが、気をつけてください。数学・理科などの**理系科目は理解してから（自分の言葉で説明できるようにしてから）パターン化して練習し、**社会や国文法などの**文系科目は全体観をストーリー化するなどして把握してから暗記する**ようにしましょう。

▼▼▼「答え合わせ」からが勉強と考える

そもそも勉強とは何か、を考えてみると「できない」ことを「できる」ようにすることだということがわかりました。すると、今まで勉強だと思っていたことが、そうではなかったことに気がつきました。

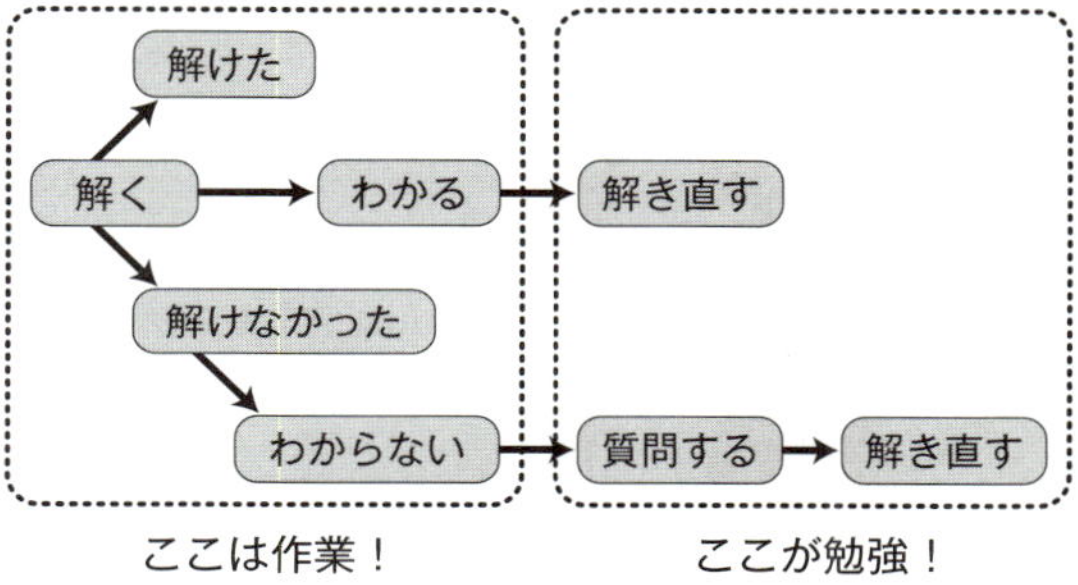

たとえば、宿題を終わらせること。それまでは、「問題を解いて、答え合わせをして、答えを赤で書き写して終わり」として提出していたものを、間違い直しをして提出するように変えました。今までやってきたことは、上図で考えると、勉強ではなく作業だったのです。

勉強が苦手な人は「丸付けまで」が勉強だと考え、勉強が得意な人は「丸付けから」が勉強だと考えている。

これは、今も子ども達によく伝えていることです。

▼▼▼「勉強しない時間」を決めると、勉強時間が長くなる

どんなに質を上げても、勉強時間を確保することから逃げていては、成績は上がりません。30秒でも1分でもいいので、毎日勉強を続けてみようとしました。確保の方法はいたってシンプルです。これは今でも僕が行っている時間管理の方法ですので、ちょっとご紹介したいと思います。

まず、自分がコントロールできる時間を計算してみます。式はとてもシンプルで、「就寝時間」－「帰宅時間」－「ご飯とお風呂の時間」です。たとえば24時に寝て、家に帰るのが19時で、ご飯とお風呂に1時間30分かける人であれば、24－19－1.5＝3.5時間（3時間30分）を自分でコントロールできることになります。

次に、「勉強しない時間」を決めます。勉強する時間を先に決めると、「あぁ、気持ちが乗らないなぁ」となって「30分」などと言いたくなりますが、「学校で遊んだり部活したりした後で、さらにどれくらい家で遊びたい？」と考えると、ほとんど全てを遊びに充てたいと考える人はあまり多くないのです。

勉強する時間より先に「勉強しない時間」を決める、つまり**「ご褒美の時間」から決めると、結果的に勉強時間が長くなる**ということなのです。

学んだこと

【しない時間を決めると、すべきことの時間が確保できる】

第5のルール

単調な勉強はゲーム化する

「三大原則」に則《のっと》り、自分なりに工夫をしながら勉強を進めていくと、成績も徐々に元に戻っていきました。中2の2学期中間テストで最も悪い成績を取ってから、中3の終わりまでコンスタントに成績を上げていきました。

ただ、その間に1つの壁がありました。それは、単調な勉強に嫌気がさしてきた、というもの。勉強を始めたばかりの頃は新鮮で、「やるぞー！」という気分だったのですが、その新鮮さもなくなってきました。各教科の勉強法が固まって、やることがルーティンになってくると退屈さも増してきます。

勉強とは「勉めて強いる」と書きますが、僕にとっても同じこと。勉強は苦しくて、自分の意志との戦いのようでした。嫌になってきましたが、これを抜け出せたら、続けることができる。どうにかして面白く変えていこうと考えました。

勉強は大きく4つに分かれます。

①予習

②授業
③復習
④テスト
それぞれ、どこが面白くないのかを考えてみました。

言われていないこともやる

まず、予習。今までは「ここ予習してこいよ」「明日までにこの問題を解いてきなさい」など、宿題に出されたものを言われた通りやっていました。その「やらされている感」が退屈に感じられていました。

「受け身で動いているからつまらないんだ」

そう思った僕は、「言われていないこともやってみよう」と思うようになりました。たとえば、英文の和訳が課された時は、わからないところの意味を調べておいたり、教科書ガイドを用いて、授業でやることをひと通り把握したりしてみました。すると、新しい発見がありました。授業中にいい気分になる回数が増えていったのです。

「これ知ってるぞ！」「昨日調べたところだ！」

と優越感（？）に浸りながら余裕を持って授業を受けられるようになってきました。

そこで学んだことは、「苦手教科こそ予習が必要」ということです。苦手教科は、授業中にわからないことが多くあります。そもそも興味がない教科である上に、わからない。それで授業が眠くならないわけがありません。

授業はテレビのクイズ番組のようだと考えると良いと思います。自分にとってチンプンカンプンな問題ばかりが出たら、退屈になってチャンネルを替えてしまいますが、答えがわかるとずっと観ていたいと感じますよね。

もし、**授業が難しい場合は、先に授業内容を調べておいて、心地いい難易度に変えておく**と良いのです。予習を禁じられている授業でない限り、先取りは良いことです。授業で眠くならないために、授業内容をこっそり調べておくこと、僕はこれを「合法的カンニング」と呼んでいます。

▼▼▼ 授業中にオリジナル問題集を作る

次は、授業。難しい授業は「合法的カンニング」をすると良いと書きましたが、簡単に感じられる授業も眠くなってしまいます。先ほどのクイズ番組で言えば、ラクラク全問正解できるような番組だと、逆に退屈でつまらなくなってしまいます。

そういう簡単に感じられる授業では、あえて自分に負荷をかけるのがおすすめです。「授業中に覚える」のが良いのですが、それと同時に「授業中にノートをまとめる」ということもやっていました。ここでは2種類のノートをご紹介したいと思います。

1つ目は「消える化ノート」。授業中に大切な単語はオレンジのペンで書いておく、というもの。すると、赤シートをかぶせると消え、オリジナルの問題集を作ることができますので、後は赤シートをかぶせてチェックすれば終わりです。

復習はインプット型（覚える型）とアウトプット型（解く型）に分かれますが、大切なのは後者。アウトプット型の復習をする時間を確保するためには、インプット型の復習を短時間で終わらせる必要があります。

インプット型のノートを授業中に作ることができれば、家ではアウトプット型の復習に時間を使うことができます。かつて、僕はノートまとめばかりしていましたが、中学時代に出会った社会の先生の授業内容が膨大すぎて、「これを全てノートにまとめていたら終わらないな」と気づき、ノート作りを工夫し始めました。

そして、2つ目は「テスト化ノート」。こちらは、板書を書き写しながらノートに自分で作った問題も合わせて書き込んでいく、というもの。慣れるまでは、先生が授業中に問いかけた質問と答えを書いておきます。たとえば、先生が「進行形はｂｅ動詞の後に何が来ますか？」と聞いて周りの友達が「ｉｎｇ形です」と答えたら、それをQ＆A形式でメモしておくのです。

慣れてきたら、先生の問いかけがなくても「ここは大事だな」と思ったところはQ＆A形式で書くと良いでしょう。

たとえば、「進行形はｂｅ動詞にｉｎｇ形を続けます」と先生が言ったら「進行形はｂｅ動詞の後に何が来る？」というQに変えます。

この「テスト化ノート術」は「消える化ノート術」と異なり、単語以外にも有効です。この「テスト化」というプロセスは、慣れてくると自分で問題を作ることになりますので、他人に教えることに近い行動になります。教えるということは、頭の中を整理したり、何が大切なポイントかを考えることになりますので、学習効果が高いと言えます。

これら2つのノートは、とりわけ暗記教科との相性が良いですので、もしよろしければこのノート術を皆さんも使ってみてください。

▼▼▼ 復習はジグザグ記憶法で

そして、復習とテスト。復習では授業でやったことを覚え直したり、同じような問題を解き直したりするのが退屈でした。復習すべき膨大な内容を「ゲーム」のようにサクサクと進めていきたい、そう思ってオリジナルの記憶法を編み出しました。

もちろん、サクサク感だけではダメです。きちんと覚えられなければなりません。自分を実験台にして、ありとあらゆる記憶法を試しました。

何十回も、何百回も試して、完成！

それは、「返し縫い記憶法」というものです。以下のように進めていきます。

①ノート1ページ分を覚えて、覚えたかどうかテストをします。
②2ページ目を覚えて、またテストをします。
③1ページ目に戻って、忘れていないかテストをします。
④3ページ目を覚えて、テストをします。
⑤2ページ目に戻って、忘れていないかテストをします。
⑥以下、同様に最後のページまで「覚える」「テスト」を繰り返します。

⑦最後に全てのページをテストします。

この記憶法の特徴は3つあります。それは「サクサク進んで楽しいこと」と「新しい情報を入れながら、昔の情報を思い出す練習ができること」「思い出す回数が多いこと」です。

サクサク進めるためには、時間を計りながらやると良いでしょう。実験を繰り返した結果、その時間も「2分と1分」が良いということがわかりました。

先ほどの例で言えば、「1ページあたり2分で覚える」→「1分でテストをする」と決めるのです。もし1ページの量が膨大で覚えられない場合は、3分とか5分に増やすのではなく、1ページを2分で覚えられそうな量に分けると良いです。2分というのは絶妙な時間で、1分だと短すぎますし、3分だとそのうち1分くらいをボーッとして無駄にしてしまうことがあります。このようにリズム良く進めることができれば、自分でも驚くほど記憶を定着させることができます。

名前をつけたら愛着が出てくるので、「名前をつけたいなぁ」「何かに似てないかなぁ」と思って眺めていたら、家庭科の授業を思い出しました。これ、「返し縫い」みたいですよね。

「これが返し縫い記憶法だよ、使ってみてね」

僕の塾で生徒達にすすめていたところ、「ジグザグと変な動きで進んでいくのが面白いですよね！」と生徒から言われました。

「返し縫い記憶法」。またの名を、「ジグザグ記憶法」。

「これが編み出せなかったら東大に現役で合格できなかったんじゃないか」

そう思えるほど、この記憶法を多用しました。おすすめの記憶法ですので、是非とも活用してみてください。

このように、単調な勉強はゲーム化していきました。そして、ただゲーム化するだけでなく、効果も上がるように工夫を重ねていきました。

振り返ってみると、こうやって単調な勉強を楽しく変えることは、仕事にも活かしています。会社を経営していると、単調な仕事もずいぶん多くあります。もちろん、人には言えないつらい仕事もあります。それを20歳から投げ出さずに続けることができたのは、好きになれない仕事を楽しく変えるトレーニングを続けてきたからではないかと思っています。

僕の好きな本に『少女パレアナ』という本があります。100年ほど前にエレナ・ポーターという方が書いた本です。不遇の少女パレアナが、つらい状況でも「楽しいことを見つけるゲーム」をしながら、人生を楽しもうとするお話です。

途中、パレアナは半身不随になりますが、それまで歩くことができた喜びを噛《か》み締めていました。パレアナに比べると自分の境遇は恵まれすぎていますが、これからもトレーニングを重ねて自分を鍛えていきたいと思っています。『少女パレアナ』はとても考えさせられる1冊ですので、もしご興味あればご一読ください。

学んだこと

【ゲーム化して効率もアップ】

第6のルール

「一番できる人」を観察する

▼▼▼厳しい道を選んだ方が未来は楽しい

「清水、高3の6月に世界史21点とかヤバくない？　間に合うの？」

高3になり、初めての全国模試が返却されました。周りの友達は下を見てホッとしたのか、笑顔です。中には本当に心配してくれる人もいるから、逆にへこみます。凍りつく背筋。血の気が引く感覚。確か偏差値は30くらいだったと記憶していますが、さすがにこんなに悪いとは思いませんでした。

「なんでこんなことになったんだ……」

あれは確か半年前。通っていた予備校の先生との会話を思い出しました。その先生は、カリスマ予備校講師として全国から引っ張りだこの有名人です。

「先生、日本史以外にもう1つ選択しなければならないのですが、何が良いでしょう」

「君は何を選択しようとしているの？」

「地理です」

「なんで？」

「高3から世界史を始めるのは無理だろうって友達に言われまして」

地理は範囲が狭いので、時間のない人が選ぶことが多い教科です。率直に相談をしていたところ、その先生からは思いもよらない答えが返ってきました。

「清水くん、君の目の前に2本の道がある。1本は楽な道、もう1本はきつい道。その道を歩き終わった後、どちらの景色が美しいと思う？」

「え……？　えっと、きつい道、でしょうか……？」

「そうです、きつい道を選ぶべきです」

恐る恐るその表情を見ると、その目には曇りがない。

「なんか、この先生、正しそう……」

宗教勧誘のコントのような会話を経て、気づいたら僕は世界史を選択していました。ちなみに僕は高2まで世界史を全く習っていなかったので（当時、母校はカリキュラムが変則的に組まれていました）、高3の春に「人類の誕生」から始めることになりました。

「アウストラロピテクス、ネアンデルタール人、北京原人……」

ブツブツ唱えるも、頭に入ってきません。授業なしで興味のない世界史を勉強するのは、精神的にもきついこと。世界史が得意な友達に相談してみました。

「高2まで全く勉強してないってありえるの？　少しはわかるでしょ。ナポレオンとか。はい、ナポレオンってどこの国の人？」

小学校の時に伝記を読んだような、読んでないような。黒い帽子をかぶって馬に乗っている人、だっけな……。

「……わからん」

これが3月。こんな状態から、10ヶ月後のセンター試験では最低でも90点以上取り、東大の二次試験もパスしなければならない。世界史を一度でも履修したことがある人ならわかると思いますが、これは「無謀」以外の何物でもありません。今、昔の自分に会えるのなら、全力で止めています。絶対に、地理選択に変えさせます。

無知な僕は、「まぁ、とりあえずやってみよう」と教科書を読んだり書き写したりしてみました。

3ヶ月経って、6月初旬の模試の結果、21点。もちろん100点満点のテストです。周りの東大志望の友達は70点くらいで「世界史ヤバい～！」と騒いでいました。

模試が返却された教室で、自分だけが取り残された感覚でした。高2の模試ではA判定だったのに、社会が入っただけで急にC判定になりました。

ちなみに、通っていた予備校には地理の講座が開講されておらず、日本史と世界史だけだったことに今更ながら気がつき、「ひょっとして……!?」とそのカリスマ先生に「あらぬ疑い」をかけてみたくもなりましたが、そんなことをしても仕方ありません。

中学受験でK中学に落ちた夜が頭をよぎります。背水の陣。やるしかない。

「10ヶ月で世界史を完成させて、東大に現役で受かろう」

僕は腹をくくりました。

「今まで編み出した勉強法を全部使ってやろう」

……ただ、少し不安もあります。今までのやり方だけで本当に合格するのだろうか。初心に返り、**通っていた予備校で「一番できる人」を観察しました。**その人は都内トップO高校主席の女の子。中学受験の模試でも1位。駿台全国模試でも1位。要するに僕達の世代で1位。「順位表で誰もが名前を見たことがある」ような有名人でした。

その子の授業態度を徹底的に観察したところ、目を見張りました。授業中、ずーっと手を動かしている。しかもシャープペンシルだけを使って。こんな言い方をしていいのかわかりませんが、女の子なのに、色ペンを全く使っていないのです。手を止めず、ひたすら書き続ける。チラリと先生に目をやりながらも、手は常に動いている。

「マシーンかよ……」

まるで機械のようでした。

「色白で可憐《かれん》な美少女」の彼女に対して「天は二物を与えるんだねぇ」なんて悠長なことを言っていた自分を恥じました。彼女の努力を知らなかった。

雲の上の存在の彼女に、休み時間、勇気を出して話しかけてみました。

「悪いんだけどノート貸してくれない？」

「ノート？　いいよ、汚いけど」

彼女の手元に目を向けた直後、ゴクリ、と息をのみました。

「なんだよ、これ……」

元々白いはずのノートが、ほぼ黒で埋め尽くされていて、見たことのない光景に鳥肌が立ちました。

「ねぇ、色ペンとか使わないの？」

「使わないよ、持ち替える時間がもったいないから」

（まじかよ……）

「メモでビッシリだけど、どうやって板書と見分けるの？」

「よく見てみてよ」

（ん……？）

ただ眺めるだけの僕に対し、彼女は説明を始めてくれました。

「若干、薄〜く書いてあるでしょ。こっちがメモ。で、普通の濃さが、板書」

「……ごめん、わからん」

でも、よくよく見てみると、違いがわかってきました。

「……すごいな。サンキュー」

席に向かいながら、顔が赤くなりました。それは、可愛い彼女と話したからではありません。「消える化ノート術だ！」なんてオレンジのペンで書いて喜んでいた自分がかっこ悪く思えたからです。

「ペンを持ち替える時間がない、か……」

勉強のコツよりもっと大切なもの――物事に向かう「姿勢」――を教えてもらったような気がしました。

そこから受験生活を終えるまで、徹底的に自分を追い込んで成績を上げていきました。

1分間の「復習サンドイッチ」や「返し縫い記憶法」も続けていきましたが、歩きながら勉強したり、早起きをして勉強したり、いわゆる「受験生」らしいことは全てやったと思います。

ここではその時の勉強法を2つ、ご紹介します。

▼▼▼努力を見える化する

1つ目は、「努力の見える化」です。これは、インクの残量が見える黒ボールペンを用いて勉強する、というものです。受験生は「よし、今日は8時間勉強したぞ」と「時間」で安心してしまいがちなもの。ただ、「長時間やるぞ」と時間を優先してしまうと、ダラダラしてしまいます。

僕は時間に加えて質も重視しようとして、「どれだけ手を動かしたか」が見えるように、黒ボールペンを使いました。

すると、ケースが透明でインクの残量が見えるボールペンであれば、「どれだけ手を動かしてインクを使ったのか」が目に見えてわかります。

友達も誘って使い始めたところ、これが意外と面白い。

「先に1本使いきらなかった方が、ジュース1本ね」

最初は0・5ミリの太さを使っていましたが、なかなか減らないので、太いボールペンに変更しました。やはりサクサクとインクが減っていく方が、モチベーションは維持できるようです。

もちろん、ボールペンを使いきることが目的になってしまうと本末転倒になります。ただ、暗記が必要な科目であれば「書いて覚える」ことが求められますし、数学などは「とにかく手を動かす」ことが大切です。モチベーションを高めながら、必死に手を動かして、要らない裏紙に覚えたい用語や計算式を書きまくって入試に臨んだことは良かったと思います。

覚えるまで開けない暗記ドア

2つ目は、「暗記ドア」です。これは、センター試験の1週間前に威力を発揮しました。先ほどもお話ししました通り、僕は世界史で苦戦していました。夏の模試でも偏差値30くらいでしたし、常に世界史が足を引っ張っていました。ひと通り現代史まで終わったのが、12月。1月のセンター試験で90点以上取らなければなりませんが、12月の時点で過去問を解いても60点しか取れない。
「あと1ヶ月で30点上げるのか」

世界史は2周目から伸びる、と言われてきましたので、それを信じて駆け抜けました。覚えにくい用語の語呂合わせをつくったり、年号を覚え直したり、テーマごとにまとめてみたり。その「直前の追い込み」を支えてくれたのが、「暗記ドア」でした。これは、「家のドアに付箋を貼って、覚えるまでドアを開けてはいけない」というものです。暗記したいものを大小の付箋に書いて、ドアにペタペタ貼ります。

最も覚えなくてはならないものは、トイレの外側のドアに。なぜか。「最も開けたいドア」だからです。トイレに行く時は、基本的に緊急ですよね。その時、ドアは「今すぐ、どうしても開けたい」はずです。そういう時に付箋が貼ってあると「どうしても覚えなくては！」と頭をフル回転させるのです。

もちろん、ドアの内側にも貼っておきます。1日の間で繰り返し目に触れることになりますので、短期的に何かを覚えたい時は、抜群の効果を発揮してくれました。

センター試験2週間前に、ようやく70点を超えました。

1週間前、80点を超えました。

でも、どうしても90点が取れない。

近所の本屋さんに立ち寄ってみたところ、1冊の問題集が目に飛び込んできました。

『9割をねらえ！　解決！　センター世界史B』

Z会の問題集でした。『9割をねらえ！』というフレーズに心を動かされ、中身を見ました。

「全て、正誤問題じゃん！」

正誤問題で点数を落としていたのはわかっていたので、僕のための問題集ではないか、と息を荒らげてレジに向かいました。

「この1冊と心中しよう……」

ひたすら信じて取り組んだところ、センター試験の2日前に初めて90点を超えました。

試験本番、祈るように解きました。

浪人していた兄と2人で、翌日の解答速報で採点。

「頼むぜ……」

間違いなんて見たくない。でもミスを見逃すような甘い採点はできない。

結果、3問ミス。93点。

東大合格者からしてみると低い方ではありますが、10ヶ月でなんとかここまで来ることができました。小さくガッツポーズ。

ただ、あと1ヶ月後には東大の二次試験。大論述に対応しないと……。息をつく間もなく、二次試験対策に取り掛かりました。

学んだこと

【正しい努力は裏切らない】

第7のルール

前日は、新しいことをやらない

センター試験はクリアできましたが、その1ヶ月後には「本番」である二次試験が待ち受けています。東大入試は、「全国の受験生」向けに作られたセンター試験とはレベルが異なります。一発勝負になりますので、緊張が高まります。

「中学受験のように、失敗したら嫌だな」

そう思い、「前日にやるべきこと」を考えてみました。ここで役に立ったのは、過去の経験です。入試は中学受験以来2回目ですが、定期テストや検定試験、さらには模擬試験など、今まで何回もテストは経験してきました。

「今までの知識を総動員するぞ」

それまでの経験上、テスト前日には3つのことをやっていました。

1つ目は、体調管理です。

「当たり前だ」と思う方もいるかもしれませんが、「当たり前」だからこそ、気をつけなければいけません。夏であれば、身体の冷やしすぎに気をつけてください。冬であれば

「頭寒足熱」、つまり頭は冷やし、足先はあたたかくしておくのがおすすめです。ブランケットや足温器などが効果的でしょう。喉を守るためには、加湿器も必須です。

そして、忘れてはいけないのが睡眠時間。当然のことですが、入試でなくても前日の徹夜は禁物です。睡眠不足の状態で、力を発揮できるわけがないからです。

試験は知識の量だけを測るわけではありません。瞬時に難易度や出題形式を分析し、残された時間と照らし合わせながら、効率よく攻略をする力、つまり情報判断能力や情報処理能力が問われています。もちろん、高度な思考力も必要になります。

これらは十分な睡眠があって、初めて発揮されます。いつもより長く、というのは難しいかもしれませんが、最低でも6時間は確保したいものです。

でも、「緊張して眠れない！」という方もいることでしょう。そういう方には、おすすめの方法があります。それは、「テスト前日に、30分だけ早起きする」ということです。そうすれば、必ず眠くなりますよね。「早起きはちょっと……」という人は、「テスト前々日に、30分だけ夜更かしをする」でも構いません。それで、いつもと同じ時間に起きると良いでしょう。夜に眠くなりますので、その勢いでベッドに入ってください。

2つ目は、過去問分析です。

直前に新しい問題に手を出す人がいますが、それは危険です。よほどハートが強い人ならともかく、そうでない人はたいてい不安でいっぱいになることでしょう。前日は、すでに解き終わった過去問の解き直しをしましょう。

▼▼▼ 出題者からのメッセージを読み解く

その時に考えてもらいたいことが1つだけあります。それは、「どんな人を求めているのか」ということです。入試でも、検定でも、資格試験でも、全て「出題者」が存在しています。その出題者は、「こんな問題を解ける人に合格して欲しい」と思っています。その「想い」がつまっているのが試験というものです。

一言で表現するならば、テストは出題者からのメッセージなのです。そのメッセージに応えられれば合格できますし、応えられなければ不合格。

僕は前日に過去問を見ながら、「東大は、どんな学生に入学して欲しいんだろう」とずっと考えていました。そして出した結論は「論理力がある人」。それに気づくことができた僕は、当日に「論理に忠実な答案」を書くことができました。

「そんなこと、もっと前に考えておくべきだ」と思う方もいるかもしれませんが、それは違います。もちろん、前もって傾向分析はしておくべきですが、前日にもう一度考え直す必要があります。

理由は2つあります。

1つ目は、テストよりずっと前だと、「抽象的な理解」しかできないからです。演習が足りず、学力が追いついていないため、「頭」ではわかっても「身体」ではわかることができないのです。

2つ目は、最後こそ基本に戻るべきだからです。直前期はひたすら演習を積みますから、情報過多の状態です。しかも、勉強すればするほど、苦手分野がはっきりしてきて、焦るものです。その時期は冷静に物事を考えられませんから、一度深呼吸をして、一番の基本に返るのがよい、ということなのです。

▼▼▼ 直前の点検リストが、不安を取り除く

テスト前日にやっておくことの3つ目は、意外かもしれませんが、「お守りづくり」です。

「お守りづくり」と言っても、神社さんに行って「お守りつくらせてください！」と言う

わけではありません。もちろん、そういうお守りが必要な方は、入手してパワーをもらってください。

ここでのお守りとは、「直前の点検リスト」のことです。

どうして、それがお守りになるのでしょうか。それを説明する前に、皆さんに考えて頂きたいことがあります。それは、人はどうして、本番で力を発揮できないのか、ということです。練習でできたことが、本番でできない。模試では悪くなかったのに、入試では力を発揮できないのは、なぜなのでしょうか。

私は、不安があるからだ、と考えています。もちろん油断は禁物ですが、自信満々だったら、力を出し切ることができるのは、想像するに難くないことです。

不安が問題なのであれば、前日にすべきなのは、不安を出来る限り、取り除くことです。

そのために「直前の点検リスト」が必要になるのです。

テスト本番で失敗しそうなミス。出たら困る問題。直前に見ておきたい公式。そんなものを書き出していきます。試験本番には見られないカンニングペーパーを作るようなものです。

直前の点検リストには、多くを書きすぎてはいけません。大量になってしまうと、本番直前に「やばい！　見終わってないぞ！」と焦り、不安が募ってしまうからです。

「よし、これを本番が始まる前に見れば、大体安心かな」

そう思えるくらいのリストを作り、安心を胸に寝るようにしてみてください。

いかがでしたでしょうか。この3つがテスト前日にしていたことです。ただ、東大入試の場合、前日にやったことが、もう1つだけあります。

▼▼▼合格した後のことを考える

それは、「合格したらやりたいことをノートに書く」というものです。入試本番は、かかるプレッシャーの強さが、今までのテストとはさすがに違いました。そのプレッシャーにつぶされてしまいそうになったのです。

その時に、ある先生の言葉を思い出しました。

「50メートル走では、5メートル先を目指して駆け抜けろ」

小学生の時、体育の時間に聞いた言葉です。入試前日ということは、50メートル走で言えば45メートルくらい。プレッシャーに負けて最後の最後で倒れるのではなく、ちょっと先を見ればいいな、と思いました。

自分のノートを開き、大学に入ってやりたいことを書き始めました。勢い余って、そのノートには「東大教育学部に入って、日本の教育を変える」とまで書いていました。ノートは今でも残っていますが、恥ずかしすぎてお見せすることができません。一度だけ生徒に見せたことがあったのですが、「先生って、意外と、こんなこと書いちゃうタイプなんですねぇ」と客観的に言われて、それ以来封印しているのです……。

学んだこと

【最後だからこそ基本に返る】

第8のルール

当たり前のことを徹底する

▼▼▼小さなことが差をつける

さて、試験本番になりました。2月の朝は、身体が芯まで冷えるほど寒いので、使い捨てカイロを大量にポケットにしのばせて、駒場キャンパスまで向かいました。

開門前に到着したところ、予備校の旗がたくさん掲げられており、応援に先生方が集結していました。しばらくして、門が開き、ゆっくりと教室まで歩いていきました。

教室まで迷いましたが、なんとか到着。ずいぶんと広くて驚きました。着席してすぐに、昨日作成した「点検リスト」を見始めました。周りには、携帯をいじっている人や、爪を切っている人がいました。

「余裕がある人はいいなぁ……」

そう思いながらも、「そんなに余裕がある人っているんだろうか」と不思議に思いました。ひょっとしたら、余裕があるように見せていただけなのかもしれません。

初日の午前は、国語です。問題用紙が配られ、試験が始まりました。でも、僕はすぐに取り掛かることはしませんでした。というのも、「試験本番の5箇条」があったからです。この5箇条、もちろん僕のオリジナルです。以下にご紹介したいと思います。

1. 試験は「はじめ」と言われてすぐに始めてはいけない。深呼吸を3回してから解き始めること。
2. 1分間をムダにしていいから、全ての問題に一通り目を通して、時間配分を決めること。見直す時間を5分つくること。
3. 解ける問題から解いていく。解けない問題はすぐに飛ばすこと。
4. 最後の1秒まで手を止めないこと。
5. 自分を信じること。

この5つを守れなかったテストでは、決まって悪い結果を残していました。みんなが頑張っている時、差がつくのはこういう「小さなこと」によるのですね。「凡事徹底」という言葉がありますが、誰もができる当たり前のことを徹底することが、非凡な結果を生むために必要であるように思います。

さて、問題なく国語を解き終わった後、僕は、「人生で最も集中した1分30秒」というものを経験しました。それは、数学の試験中です。

▼▼▼自分のペースを保つ

数学の試験前。昼ご飯を軽めに済ませ、最終チェックとして「青チャート」（数研出版）と『スタンダード演習』（東京出版）をかばんから出しました。あらかじめ印をつけたところにひと通り目を通しました。時間が少し余ったので、余白に「2桁×2桁」の計算を始めました。

ガーッと勢いよく手を動かして、ひたすら掛け算。一応、これの効果は科学的にも証明されています。脳の中には感覚をつかさどる大脳辺縁系があり、そこには側坐核《そくざかく》という器官があります。身体を動かすとその側坐核が刺激され、興奮状態になってやる気が出てくるのです（これは非常に有効なやり方なので、是非とも取り入れてください。僕は大学院試験の直前にも実践しました）。

試験が始まる頃、僕は数学の先生の言葉を思い出していました。

「文系数学は、4問のうち2完（2問完答すること）すれば合格するからな」

東大の文系数学の試験では、80分で4問を解きます。例年は、4問のうち、簡単な問題が1問あります。それを必ずおさえて、たいてい1問混ぜられている「激ムズ」な問題を抜いてもう1問解ければ40点。それで合格できます。

試験問題が配られました。透けて見えそうで見えないプリントの束を前に、緊張が高まります。開始のサイレンが鳴り、全員が冊子を開く音が聞こえます。僕は「深呼吸を3回してから解き始める」と決めていたので、目をつむり、ゆっくり息を吸って、吐き、目を開けました。冊子に手を伸ばし、自分のペースで丁寧にページをめくっていきました。

「うん、今年も4問だ」

僕の作戦は、最初の10分間に全問を眺めて「解くべき2問」を絞り、次の60分で2問を解いて、最後に残った10分で他の問題に手をつけて途中点を集めつつ、解けなそうであれば欲を出さずに最初の2問を見直す、というものでした。

「2完、2完……」

ページをめくりながら、そう頭の中で唱えていました。さぁ、最初の10分間。2問に絞らないと……。

1問目が目に飛び込んできました。

四角形ＡＢＣＤが、半径65／８の円に内接している。この四角形の周の長さが44で、辺ＢＣと辺ＣＤの長さがいずれも13である時、残りの２辺ＡＢとＤＡの長さを求めよ。

「えっ」

ビックリするくらい、オーソドックスな問題。センター試験レベルです。ただ、センター試験と違って誘導がないので、丁寧に解いていかなければならない問題。

「これは取れなきゃいけない問題だな……」

１問目に解けそうな問題を見つけてしまった展開には拍子抜けでしたが、「ひょっとしたら何か裏があるかも……」と逆に慎重になっている自分もいました。続いて他の問題に目を通していると、第２問が解けそうでした。

「この２問に決めた。頼む、解けてくれ……！」

手を動かします。

25分経過。１問解けた……！　ゴクリ。唾を飲みます。大丈夫そうだ……。

見えてきた一筋の光を信じて、第２問に進みます。確率の問題。丁寧に「場合分け」をしながら解いていく問題。⑴⑵⑶に分かれています。最低でも⑵まで解かないと……。緊張から、身体全体が石のようにズシリ、ズシリと固まっていくのを感じました。

「頼む……頼む……解けてくれ……！」

40分経過。⑵まで解けた！

50分経過。⑶まで、解けた……!!! 2問完答！！！！ 受かる！！！

身体から力が抜けるのを感じました。これで、いける……。

残りの時間で、第3問と第4問の途中点をかき集めにいきました。でも、慎重にならなければ。欲を出しすぎてもいけません。

とにかく第1問は「落としたら終わり」だと思いましたので、繰り返し、何度も何度も、計算をし直しました。普段はしないような、小学生の頃に習った検算をしたり、繰り上がりを確かめたり、約分を確認したり。

「よし……もう大丈夫だ……」

何やら教室が落ち着かない雰囲気になりました。試験監督の先生達が動き始めています。そろそろだろう、と時計を見たら、あと2分。

「たったの2分か」

「やることはやったな。人事を尽くして天命を待つ。後は野となれ山となれ」

そんなことを思いながら、ぼんやりと第2問を眺めていました。

▼▼▼本当に集中するということ

（あれ……？）

（冗談だよな……？）

目を疑いました。(1)の計算が間違っているのです。このままだと、80点満点のうち、20点分が吹っ飛ぶ計算になります。残された時間、1分30秒。

「もうダメだ」

諦めかけました。この場から、逃げ出したくなりました。でも、自分の心の奥底が、許さなかった。プライドかもしれません。

「ちくしょう！！！！」

そこからの記憶は全く残っていません。ただ、1つ覚えていることは、なぜか1分30秒で解き終えることができた後、肩で息をしていたことです。頭は高熱が出たかのように熱く、もうこれ以上何も考えられないような状態でした。

息を止めて、一心不乱に手を動かした1分30秒。自分と問題が一体化していた感覚。問題を解いていたのではなく、問題に解かされていたのだろうか……。

「これが本当に集中するってことなのか……」

こんな体験は、最初で最後でした。

もし、あの時、第2問に目がいっていなかったら……。計算ミスに気づいていなかったら……。

お陰様で、2日目の試験は順調に終えることができました。心配だった世界史も、センター試験後に40年分の過去問を全て解いて臨んだところ、奇跡的に8割近くの点を取ることができました。

試験後、駒場キャンパスの正門を出て、駒場東大前の駅に向かう数十メートルの間、言葉にできない解放感に包まれていました。

3週間後の3月10日。本郷キャンパスでの合格発表。

「縁起でもねぇよ……」

赤門前で予備校のビラを渡してくる人達を睨《にら》みつけながら、キャンパスを歩きました。

笑っている人、抱き合う人、悲しむ人、叫ぶ人。色んな人とすれ違いました。

遠くに掲示板が見えてきました。辿り着きたいようで、どこまでも遠くであって欲しい、文科Ⅲ類の掲示板。

前に来て、恐る恐る、番号を探しました。僕の番号はA３０５３８。

「あった……」

歓喜というより、安堵。何度も何度も、受験票と掲示板を見比べました。プシュー、と全身から力が抜けていきました。

「やっと終わったのか……」

最後の力を振り絞って、携帯で家に電話をしました。

「父さん？　俺だよ、俺。番号、あった、みたい。東大、受かった、みたい……」

「ウソだろ⁉　本当か⁉　おめでとう！！！！！！！」

「受かった⁉　あった⁉　本当に⁉　あったの⁉」

心配で受話器を取れなかったであろう母の声が、そばから聞こえました。

「母さんがさ、信じられないから写メ撮って送りなさいって言っているぞ」

(ちょっと待て、どんだけ信じられていないんだよ、俺……)

かき分け、かき分け、掲示板に近づいていき、ガラケーでパシャリ。

「受かりましたか!?　おめでとうございます！」

どこから集まってきたのかわからないくらいの人数のアメフト部員が押し寄せてきて、胴上げをしてくれました。

「おめでとうございまーす」

「わーっしょい、わーっしょい」

その夜は家族で集まって、飯田橋の駅の上にある「北海道」というお店で乾杯。浪人していた兄も無事に地元C大の医学部に合格しており、家族はお祭りムード。

「まだ信じられないわ。特に章弘……」

笑顔半分、泣き顔半分になっている母親を見て、男3人を育てる精神的苦労が垣間見えたような気がしました。

ありがとう。母さん、ありがとう。あなたの息子で、良かったです。ハッピーエンドだけど、もう二度とやりたくない僕の受験生活は、こうして静かに終わりました。

学んだこと
【最後の1秒まで諦めない】

コラム2　起業前夜1「文武両道ドットコム」

2008年、2月12日。渋谷。

渋谷マークシティ近くの「ちゃぽん」という海鮮料理店で、僕はランチを食べていました。目の前に座っているのは、長江政孝。中学時代の友達でした。11月の駒場祭（東大の学園祭）で久しぶりに再会して、「昼飯でも行こうか」と連絡を取り合っていました。長江はベンチャーでインターンをしていたり、公認会計士になろうと会計の勉強もしていたので、その時に考えていることを話してみました。

「俺、起業してみようかと思うんだよね」

「おお、いいじゃん。教育？」

「そうそう。これ読んでみてよ」

僕は白いホッケー部のバッグから、1枚の紙を取り出しました。

企画書『文武両道 .com』

こんにちは。「文武両道 .com」代表の清水章弘と申します。早速ですが、皆様に考えて頂きたいことがございます。

「皆様は小・中・高で、何を学びましたか？」

僕は高校時代にこの問いを考え始めました。大学に入り、さらに考え続けました。

まず、これだけは言えると思います。

「学校は、勉強だけを学ぶところではない」

もし、勉強だけを学ぶところだとしたら、偏差値が子ども達の価値になってしまいます。これほど寂しい教育はありません。

では、学校で何を学ぶのでしょうか。

僕は、「机の上で学ぶもの」と「それ以外で学ぶもの」に大きく分けることができると考えています。前者は、各科目の、いわゆる「授業」です。後者は、部活動・学校行事などです。

机の上では、学力を鍛えます。これはとても必要なことです。社会に出て、必要不可欠な論理力・思考力など、様々な学力をつけます。

それ以外では、生きる力を鍛えます。たとえば、部活動。皆様が学生時代を振り返る時、部活動での記憶は鮮明に思い出されることでしょう。そこで私達は、あらゆることを学びます。努力することの大切さ。１つのことに打ち込む充実感。やりとげる達成感。我慢。コミュニケーション能力。そして、仲間との絆《きずな》。

一見、臭く聞こえるこれらこそが、真の教育だと信じています。

今の教育に欠けているものとは、こういった「生きる力」に対する教育なのではないでしょうか。特に進学校に蔓延《まんえん》する、「受験至上主義」。こういった教育の現状に対して、真っ向から勝負していこうとして立ち上がったのが、「文武両道.com」です。

運営している僕達は、これをビジネスとして捉えておりません。本気で、日本の教育を変えようとしています。その第一歩として、家庭教師業界に参入しました。

今後の「文武両道.com」にどうぞご期待ください。

「文武両道.com」代表　清水章弘

「……どう？」

長江の答えを、恐る恐る、待ちました。

「これ、企画書って言わないよ」

「まぁ、そう言うなよ。どう？　面白い？」

「うん、面白いじゃん。で、何するの？」

「東大の体育会の学生を、家庭教師として派遣しようと思うんだ。俺達って、部活と勉強を両立させるノウハウを持っているんじゃないかと思って」

「うんうん、そうだね。俺はわからないけれど」

長江はスポーツからは程遠いタイプの人間でした。黒ぶちメガネに、髪型はマッシュルーム。高校時代は歴史研究会に所属し、大学に入ってからは英語サークルに入っていました。いかにも東大生という服装で、たとえるならば『キテレツ大百科』の勉三さん。長江の素朴な意見が、自分と妙に良いバランスを取ってくれる気持ちがしました。

（一緒にやれそうだな）

「俺は兄が2人いたんだけど、中学入る時に計画の立て方を教えてもらったんだよね。部活ある日とない日で分けて、タイムライン作るの。そういうのって学校で教えてもらえないじゃん。勉強じゃなくて、勉強のやり方を教えるっていう事業。本当は寺子屋みたいな塾にして、生徒同士で学び合う場にしたいの。『協調学習』って言うんだけどさ。でも、生徒いないし。まずは家庭教師から始めて、生徒増えたら場所借りようかなって。どう？やる？　一緒に」

「勉強のやり方かぁ。面白いね。うん、やろう、やろう」

長江の高い声が、すっと心に落ちてきて、身体に染みわたりました。

仲間が、増えた。

（面白くなりそうな予感がするぞ……）

それは、生徒会の時に感じた高揚感に似たものでした。何が起こるかわからないけれど、ダメでもともと。それに、1人じゃないし。

「本当は、学校を創りたいんだ」

「学校？」

「そう、いつかね」

（コラム3に続く）

第9のルール

生活リズムを一定にする

無事に東大に合格することができ、その後、大学3年生の春に会社を創ることになりました。体育会のホッケー部に入ってから会社を創るまでの「起業前夜」、そして生徒が1人入ってくれる「起業直後」のストーリーはコラム2～5をお読み頂けたら幸いです。

ただ、1人目が来てくれたからと言って、それ以降、生徒が集まってくれるという保証はゼロ。結局、1年かけて6人しか集まりませんでした。それでも、僕にとっては「命の恩人」でした。

「最初は自分で全てやりたい」と思っていたので、ほとんど全てのご家庭に「家庭教師」として僕がお邪魔していました。ホッケー部がない休日は、4軒を「ハシゴ」したりしていました。10時から、13時から、16時から、19時から。2時間教えて1時間移動。「千葉→東京→埼玉→東京」と、都内近郊をグルグルまわり、1日が終わった頃にはヘトヘトになっていました。

それでも、通い続けました。動き続けていないと、不安だったから。疲れていることで、

「働いているんだ」「頑張っているんだ」と思うことができ、それによって心を落ち着かせていました。

その頃はとても苦しい時期だったので、当時の記憶は鮮明に残っています。その中でもダントツで強く残っている記憶があります。それは、2人目の生徒。おそらく一生忘れることのないであろう、女子高生の話です。

出会った場所は、渋谷のハチ公前でした。

金髪で日焼けサロンに通う、高校3年生。学校に行けば、屋上でタバコをふかす日々。周りの友達は退学させられ、学校の先生からは「あれ？　もう学校をやめたと思っていたよ」と厄介者扱いをされていました。

彼女が大学受験を目指すようになったのは、バイト先のお好み焼き屋さんの店長が日本大学出身の方で、「お前大学くらい出ておいた方がいいぞ」と言われたからでした。「勉強しようと思っても何から始めていいかわからない」と、バイトの先輩に相談したところ、知人の僕が紹介されました。

「今年受験するんだよね」

「はい」

「最近のテスト持ってきてくれた?」

「この前返されたばかりの、持ってきました」

彼女が紺色のスクールバッグから取り出した1枚の答案に、僕は愕然《がくぜん》としました。

2学期の中間テスト。

英語7点。

「通知表も持ってきました」

5段階の評定平均、1・3。

彼女は進学校に通っていたわけではありません。普通の、いや偏差値だけで言えば低めの都立高校。そこで、評定平均が1・3。

「本当に受験したいの?」

「はい」

「なんでそこまで思うの?」

「大人達を見返したいんです」

まっすぐに見るその目の奥に、彼女の惨めさや悔しさが垣間見えて、心を針で刺された気持ちになりました。

ご自宅にお邪魔すると、凍りついた空気が流れていました。

「うちの子が勉強するとは思えないので」

「そう、ですよね……」

「とりあえず今日だけお願いします」

「はい……」

話を聞いてみると、家庭内暴力も激しく、家に何度も救急車やパトカーが来たことがあるようです。2階に上がり、彼女の部屋に入りました。ベッド横のテーブルに灰皿があり、タバコの吸い殻が積み上がっていました。

（この匂いか……）

タバコが苦手なので、一瞬ひるみましたが、ディズニーのキャラクター、「リロ・アンド・スティッチ」のスティッチで部屋が埋め尽くされているのを見て、ホッとしました。

（なんだ、意外と普通の女の子じゃん……）

ですが、ホッとできたのは、最初の数分でした。結局、その日は授業になりませんでした。

ここには書けないような彼女のつらい過去を話してもらっているうちに、感情が溢れ出し、彼女が泣き出してしまいました。

「先生ごめんなさい、もう、帰ってください……」

「わかった、ごめん……」

道がわからなかったので、お互い無言のまま、彼女は駅まで送ってくれました。こんなにも苦しい時間は初めてでした。

なんとか力になりたいけれど、なれなかった。

重い足取りで、家路につきました。

数日後、彼女からメールが入りました。

――この前はごめんなさい。次、いつにしますか?

飛び上がるほど嬉しく、すぐにスケジュール帳を開きました。

▼▼▼始まりは、全ての半分と考える

「はい、これあげる。持っているかもしれないけど」

次にその子の家に行った時、かばんから袋を出しました。

ディズニーストアで買った、スティッチの小さい人形。

「え？　まじ？　嬉しい！」

（あぶね……。「キモいよ先生」とか言われたらどうしようかと思ったよ……）

恥ずかしさを隠すように、淡々と進めようとしました。

「はい、じゃあノート開いて」

「あ、ちょっと待って」

彼女はノートの裏表紙にドデカイ字で、ゆっくりと書き始めました。

まず、sと書きました。続けて、t。その後に、u……。

s…t…u…b…y…………stuby !?

（それってstudyじゃ……）

「はい、勉強始めます」

満足気な彼女に、「おいおい、studyも書けないのかよ」なんて口が裂けても言えませんでした。なぜならば、彼女にとって、それは大きな一歩だったから。

彼女の考えていることを知りたかったので、毎日の計画の下に、その日の感想を書いてもらうようにしました。翌週、彼女のノートを見ると、こんな文章が書かれていました。

清水さん達が帰った後、ママに話したら、「あなたが頑張るなら、ママも頑張る」って言ってくれた。今まで清水さんがうちに言ってくれた言葉よりもママのこの一言ですごい「頑張らなきゃ」って思った。

胸がつまりました。

正直に書いてくれた彼女の純粋さに、心を打たれました。この子の、力になりたい。

（教育って、一人ひとりの人生を背負う仕事なんだな……）

大げさな表現かもしれませんが、そう感じました。

「先生、これが教科書です」

「うんうん」

「何もわかりません」

「まぁ、そうだよね……」

「とりあえず、今日授業でやったページ、開いてみようか」

「それもわかりません」

「まぁ、そうだよね……」

仕方なく、2人で本屋さんに向かいました。

渋谷駅東口。文教堂書店の1階。学参売り場に金髪ガングロの女子高生。彼女は恥ずかしそうにあたりを見回していました。

「この中から選んで。どれがいい？」

「わかりません」

「まぁ、そう言わずに。一緒に選ぼうよ。これは？」

僕はカラフルな「誰でもわかる」系の中学参考書を彼女に見せました。すると彼女は鋭い口調で答えました。

「子どもっぽい」

「……ごめん」

僕は反省しました。彼女は高校3年生。確かに成績で言えば、この参考書が合っているのかもしれない。でも、彼女にだってプライドがある。「大人達を見返したいんです」と勇気を振り絞って挑戦をしようとしている彼女の気持ちを想像できていただろうか。

（俺は指導者失格だ。点数じゃなく、彼女を見ないと……）

2人で悩んだ末、買った本は2冊。『くもんの中学英文法─中学1〜3年 基礎から受験まで』（くもん出版）と『高校入試ランク順 中学英単語1850』（学研）です。

家に戻り、彼女の話をゆっくり聞き始めました。すると、先日の「大人達を見返したいんです」という言葉の意味もわかってきました。彼女は不良グループにいましたが、友達がみんな退学させられ、彼女だけ残されていたそうです。そして先生達からは「いつ学校やめるの？」「もうやめたと思っていたよ」と言われる日々。居場所もなく、屋上でタバコを吸っている毎日だったそうです。

「じゃ、本気でやる？」

「はい、お願いします」

僕は、彼女に1つの提案をしました。それは、勉強をするにあたって、最も大切なこと。生活リズムの改善です。

▼▼▼ 朝から寝るまでの行動を記録する

生活リズムを改善する時に、大切なことは2つあります。

1つ目は、時間のムダを「見える化」すること。今でもやっていることではありますが、まず最初にしてもらうことは、毎日の行動記録をつけてもらうことです。何時から何時まで、どんなことをやっていたのか。朝から寝るまで、全て記録してもらいます。そうすると、自分が時間をいかにムダにしているかがわかります。

2つ目は、ゲーム化することです。生活リズムを改善する、というのは非常に単調な行為です。しかも、それだけでは成績は上がりませんので、「間接的」な行動になります。そのためには、「早寝早起き！」とスローガンを強く掲げるだけでは、不十分です。可能な限り楽しくする必要があります。

おすすめなのは、得点化して、誰かと競うこと。たとえば、こんなアイデアがあります。寝る時間、起きる時間、勉強時間にそれぞれ1点ずつ与えるのです。24時に寝る予定の人が寝られたら1点、などのようにするのです。

そうすれば、1週間で3点×7日の21点満点になります。その点数で勝負するのです。学生時代に何かを賭けるのはよくないことだと思いますが、ここだけの話、僕は親友とジュースを賭けてよく勝負をしていました。

ちなみに、このゲーム化は、生活リズムの改善以外にも使うことができます。おすすめなのは、先述の「復習サンドイッチ」。授業の前後1分で復習をする、というものでしたね。月曜日から土曜日まで、6日間あります（土曜日が休みの人は5日間ですね）。その中で、復習が必要な授業の回数を算出してください。授業の「前後」1分ですので、その回数を2倍すると、必要な復習回数になります。それを1回1点にして、友達と競うのです。

もちろん、しばらくするとゲームに飽きてくることでしょう。でも、飽きるくらい続けた頃には習慣化できている可能性が高いですし、もしそうでなくとも、一度やってみたという経験が、必ず後につながるはずです。

人はいつでも変われる

丁寧に授業を続けた2ヶ月後、期末テストがあり、その数日後の昼、僕の携帯に電話がかかってきました。僕は、新しい仕事の打ち合わせである中学校に行く途中で、新宿駅のホームに立っていました。

「先生、テスト返ってきました！」

「おい、学校だろ？」

「はい、教室です！　今休み時間です！」

（……休み時間って携帯で電話してもいいんだっけ？）

「そ、そっか！　どうだった？」

「△★○※×■‼」

「ごめん、今ホーム！　聞こえない‼」

「90点！　90点！　クラストップ！」

「え！」

「ほんと！　あ、すみません、授業始まるんで！　またメールします！」

ブチッ……。


……本当に？　あの子が……？

ガッツポーズ。やったー！

（ってか、あんなに大きな声出せる子なんだ……）

ギリシャのことわざを思い出しました。

「始まりは全ての半分」

何かを始めた時には、すでに半分が終わっている、という意味です。つまり、それくらい最初の一歩が大切だ、ということです。

（彼女にとっては、あのノートだったのかな）

「よし、やろう」と決心して「stuby」と書いたあの1ページが、彼女にとって、勇気ある一歩だったのかもしれない。

（あの時、何も言わずに受け止めてあげたこと、良かったのかもしれないな）

その後、彼女は授業を連続でドタキャンしたり、家出をしたり、全く勉強をしなくなったりと紆余曲折《うよきょくせつ》を重ねましたが、なんとか無事に入試に臨むことができました。

入試直前の1月。毎日10時間も机に向かう彼女に質問してみました。

「ねぇ、昔の自分になんて声かけたい？」

しばらく沈黙した後、彼女はこんな言葉を残しました。

「人って変われるんだ、って言いたいです」

もう、僕の役目は終わった、と思いました。元々役目なんてなかったのかもしれませんが……。

その子は、その年は受験をせず、翌年に偏差値55くらいまで成績を伸ばし、大学に合格しました。映画化されるほど劇的なドラマではないかもしれませんが、僕は身体1つで彼女の人生にぶつかっていく中で、大切な経験をさせてもらいました。

▼▼▼時間の使い方が上手いということ

「清水くんは、いつか『時間』で痛い目に遭うよ」

今となってはお恥ずかしい話ですが、会社を創った前後は、「時間」に関する失敗をひたすら重ねていました。

大学2年生の冬から会社創りを始めたので、とんでもなく忙しい毎日が始まってしまっており、たとえば、その頃は、以下のようなスケジュールで生活していました。

【部活のない日】
9時〜14時30分　授業（@駒場キャンパス）
14時40分〜16時　自主練習（@駒場ホッケー場）
17時〜22時　アルバイト（@御茶ノ水）

22時30分〜23時　夕飯
23時〜26時　仕事

【部活のある日】
9時〜12時10分　授業（@駒場キャンパス）
12時10分〜13時　筋トレ（@駒場ホッケー場）
13時〜16時20分　授業（@駒場キャンパス）
16時30分〜21時　部活（@駒場ホッケー場）
21時30分〜22時30分　夕飯
23時〜26時　仕事

このスケジュールに加え、遠征がある日は朝5時に起きなければなりません。大学受験の直前は「人生で最もきつい1年だ」と思っていましたが、大学2年生の頃よりも体力的にきつかったことは、その後10年間、一度もありません。この生活がおよそ2年間続きましたが、思い出すだけで嫌になる、「絶対に戻りたくない2年間」です。

でも、面白いことに、当時はこの生活が楽しくて仕方がなかったのです。おそらく、生きている心地がしたのだと思います。

このように「絶対に戻りたくない2年間」ではありましたが、得るものも多い2年間でした。たとえば、時間の使い方がうまくなった、ということです。

元々、中学・高校時代には生徒会長、応援団長、文化祭実行委員、サッカー部等、様々なことに打ち込んでいましたから、時間の使い方は上手な方でした。しかし、それはあくまで「学校生活」でのこと。突発的に何かがドサッと降ってくることなんて、ありません。それが、仕事になると「明日までに資料を作り直さなければ！」「今から会えますか？」なんてことが頻繁に起こります。

仕事を始めて間もなく、締め切りに間に合わなかったり、遅刻してしまったり、とミスを連発することになります。

「清水くんは、いつか『時間』で痛い目に遭うよ」

この言葉は、当時お世話になっていた、某外資系メーカーの社長さんに叱ってもらった時のものです。

「俺は時間の使い方がうまい」なんて、「とんだ勘違い」だったことを思い知らされました。中学・高校が、いかに守られた環境だったのかを痛感しました。

「なんとかしなきゃ」

必死にもがきましたが、仕事は予想外のことばかり。

僕は時間に振り回されながら、ミスを連発していました。

▼▼▼ 起床時間、帰宅時間、就寝時間を固定する

「ん？　ちょっと待てよ……」

少し立ち止まって考えてみたところ、気づいたことがありました。

「予想外なことが起こるからと言って、自分の生活も不規則にする必要ってないよな。むしろ、規則正しくした方が、時間が生まれるんじゃないか？」

そこで、中学・高校時代に学んだ「あること」を実践してみよう、と考えました。

それは、「三点固定」という発想です。

先述の通り、僕は色んなことに取り組んでいましたが、その頃は「最終下校時刻」というものが存在していました。忙しいと言っても、下校時刻は決まっています。海城中学校は17時（届けを出せば18時）、高校は18時（届けを出せば19時）でしたので、そのまま

っすぐ帰れば、家に帰る時間は計算することができます。

そのような生活の中で、僕は「三点固定」という方法を取っていました。以下の3つの時間を固定する、というものです。

①起床時間
②帰宅時間
③就寝時間

「この3つを固定すれば、規則正しい生活になる」

このことを、僕は中学・高校時代に学んでいました。そして、この「三点固定」を20歳になってからも活かしてみることにしました。

結果は、大成功。

このようにすると、自分がコントロールできる時間を算出することができます。算出するための計算式は、以下の通りです。

（コントロールできる時間）＝「就寝時間」－「帰宅時間」－「ご飯とお風呂の時間」

たとえば、18時に帰宅して、ご飯とお風呂に2時間かかって、24時に寝る人であれば、

（コントロールできる時間）＝24－18－2＝4時間

ということになります。

この計算式を見ればわかってもらえると思いますが、帰宅時間が固定されていると、計画がとても立てやすくなるわけです。

「起床時間と就寝時間を固定しよう！」という話はよく聞くと思いますが、実は、それに加えて「帰宅時間を固定できるか」というのが大きなポイントだったのです。

学んだこと

【帰宅時間を固定することが大切】

第10のルール

「すぐ・その場で」やる

生活リズムを一定にして、時間をコントロールし始めてから、僕の反撃が始まりました。時間を効率的に使うことが、楽しくなってきたのです。

「三点固定」というルールに加えて、僕は、「すぐ・その場で」やる、というルールを自分に課すようになりました。

そして、大学での勉強と、仕事の両方に取り入れてみた結果、どちらにも良い影響を及ぼすことになりました。時間あたりの生産性がグンと上がったのです。

では、「すぐ・その場で」やる、というのは具体的にどういうシーンで使えるのでしょうか。僕の経験を交えて紹介させてください。

▼▼▼ 課題は最中に終わらせる

大学の授業では、課題が大量に出ます。ただ、僕の場合は家に帰ってからはできないので、出来る限り授業中に課題を終わらせていました。

大学で最も多い課題は、「○○についてレポートを書きなさい」というもの。ただ、それを60分で終わらせる、なんてことは絶対に無理です。「ほら、授業中に終わらせるなんて無理じゃないか」と言われるかもしれませんが、ここには種明かしがあります。

課題には「提出期限」というものが存在しています。一番多いのは、3〜4週間後です。それであれば、提出期限までに3〜4回の授業時間が残っています。PCを持ち込める授業であれば、PCでノートを取りながら、同時進行でレポートを書いていきます。

「そんなことをしていたら、授業についていけなくなるんじゃないか」と思う方もいるでしょう。僕も最初はそう思っていました。でも、考えた結果、わかったのです。それは、

「大学の授業のうち、半分くらいは、すでに教授が本や論文で書いている」ということです。授業を受ける前に、教授の本を読み終わっておけば、授業の半分はその復習になります。

知っている内容に入ったら、「うんうん、昨日読んだな」と片耳で聞きながら、すかさずレポートに取り組んでいきます。

本や論文に目を通す、という時間は「投資」です。概略が摑めるくらいで良いので、30分くらいで終わります。その「投資」のお陰で、授業中に課題を終わらせることができま

した。ただ、少人数のゼミでは、できませんでした。なぜならば、教授に失礼だと思ったからです。200~300人の大教室の授業で、周りの学生が寝ている中、隅っこで1人、必死に予習と課題に取り組んでいました。

▼▼▼打ち合わせ中に、次にやるべきことを明確にする

勉強では、授業中にレポートを書けるようになったので、次は仕事に活かせるようになりました。もちろん、打ち合わせ中に業務を終わらせることはできません。何をするかと言いますと、打ち合わせ中に「次までにやるべきアクション」を明確にしておくのです。これは、今でも行っていることですが、意識しないと、なかなかできません。打ち合わせを終えて、しばらくして、ノートを眺めて「あれ、何をやれば良かったんだろう」と考えてしまいます。

やるべきことはシンプルです。**打ち合わせの時、ノートの右から4分の1くらいに一本縦線を引く**のです。そして、打ち合わせのメモは左側。そして、やるべきことを期限とともに右側に書いておくのです。そうすれば、**打ち合わせが終わった後にやるべきことが、一目瞭然**です。

これは、打ち合わせの時だけでなく、講演会やセミナー等、人の話を聞いている時、さらには本を読んでいる時にも使えます。人の話を聞いたり読んだりする時、「聞いたり読んだりして満足」してしまうことがあると思います。

しかし、全てのインプットはアウトプットすることで初めて価値を持ちます。そこで、何かをメモする時は、自分の行動にどうやって結びつけるかを考え、右側にそのアクションを書いていくのが良いでしょう。僕はこれを10年近く続けていますが、「アウトプット前提のインプット」に変えてから、勉強も仕事も捗るようになりました。

▼▼▼ 超特急で「5分だけ」取り組んでみる

話を少し戻します。打ち合わせ中にやるべきことを明確にする、という話でした。

これに加えて、もう1つコツがあります。それは、打ち合わせが終わった直後に、「5分だけ」取り組むということです。

社内の打ち合わせであれば、自分のデスクに戻った直後に、5分だけ取り組んでみます。社外の打ち合わせであれば、カフェに入ったり、時間がなければ電車で椅子に座ってノートを開きます。歩きながら社員に電話して、意見をもらったりします。そのように「すぐ・その場で」取り組むことでメリットはたくさん出てきます。

メリット1　全体像のイメージが湧く

真っ先に取り組むことで、その仕事全体のイメージが湧くようになります。その結果、かかる時間が算出できるようになりますから、計画を立てやすくなります。

メリット2　記憶に残りやすくなる

この作業は、勉強で言えば「復習」になります。その日のうちに一度復習することにより、打ち合わせの内容が頭に残りやすくなり、「あれ？　こんな話だったっけ？」と後で混乱することが少なくなります。

メリット3　心のゆとりが持てる

少しでも手をつけておくと、精神的に楽になります。全く手をつけていないと、「あの仕事、放置しちゃってるな……大丈夫かな」と不安となって自分を追いかけてくるようになります。「すぐ・その場で」取り組む**たった5分間が、その後の心のゆとりをもたらしてくれる**のです。

ちなみに、これも先ほどのように、講演会やセミナーや読書の後にも行うようにしています。外で人の話を聞いて「面白いな！」と思った場合は、「すぐ・その場で」Amazon

のアプリを開き、ワンクリックでその方の本を買うようにします。その方が本を出していない場合は、講演テーマをAmazonで検索して、最も「定番」となっている本を購入します。

もし、時間があった場合は、帰り道に書店に行きます。というのも、書店には検索で引っかからなかった本も置いてありますし、新しいテーマに関心を持った時は、自分の視野を広げるチャンスだからです。そのテーマのコーナーに足を運び、面白そうな本を手に取るようにしています。

このように、勉強も仕事も「すぐ・その場で」やることで、少しずつ効率的に進めていけるようになりました。「すぐ・その場で」やることは「面倒くさい」と思うこともありますが、それによって享受できることがたくさんありますので、「これは投資だ」と勢いをつけて取り組むようにしています。

学んだこと

【すぐ、その場でやると、効率が上がる】

第11のルール

本は感謝しながら読む

先ほど、授業前の予習として、教授の書いた本を読み終えるということを書きました。ここで少し、本についてお話ししたいと思います。

「本との向き合い方」と「本の読み方」の2つについて書きたいことがありますが、ここでは前者、「本との向き合い方」について書いていきます。

「東大に入って、最初に感動した本は？」

もしそう聞かれたら、僕は迷わず『知の技法』（小林康夫／船曳建夫編、東京大学出版会）を選びます。一般的にはそこまで知られていないこの本、実は**東大の文系に入学した人は「基礎演習」という教科の「教科書」**として購入を促されます。東大の駒場生協に常に平積みされていました。

「これはヤバい！　今までの自分を全て変えないと！」

この本を入学時に読んだ僕は、ハッとしたのを覚えています。

「このままではまずい、自分を変えないといけない」と危機感を持ちました。

「はじめに」にはこのように書かれています。

この本は、東京大学教養学部で、1993年度から文科系（文Ⅰ、文Ⅱ、文Ⅲ）の1年生（第1学期）を対象として設けられている必修科目「基礎演習」のサブ・テキストとして編集されたものです。

この科目は、文科系の学生が、将来どのような専門領域を研究するにしても、かならず身につけておかなければならないきわめて基本的な知の技法を、実践的に学ぶことを主眼として開設されています。問題の立て方、認識の方法、論文の書き方、発表の仕方など、学問という行為を構成しているさまざまな手順には、それぞれの時代に、一定程度、共有されている技術ないし作法があります。大学で学ぶということは、個別的な学問領域の成果を学ぶだけでなく、そうした知の技法を習得するということでもあるわけで、むしろそれこそが、大学という知の共同体を基本的に支えているものなのです。（注：傍線は著者による）

どうでしょう。サラッと書かれた文章ですが、強いメッセージを感じないでしょうか。

今読めば、「うんうん、確かに！」と強くうなずく文章ですが、大学1年生の僕にとっては、天と地がひっくり返るくらいのもので、これを読んで大いに興奮したのを覚えています。

何に興奮したかと言うと、大学側が学生に対して、「勉強ができる人」から「研究者」に変化せよ、と求めていることです。それは、「大学で学ぶということは、個別的な学問領域の成果を学ぶだけでなく、そうした知の技法を習得するということでもある」という一文に表れています。

つまり、「成果」（過去の知識）だけではなく、「知の技法」（研究に対する姿勢）を習得して欲しい、と述べているのです。

それに続く「むしろそれこそが、大学という知の共同体を基本的に支えているものなのです」という表現もシビれますよね。大学は「知の共同体」だ、と。

知は「道具」ではない

もちろん、高校までの勉強が全て「成果」（過去の知識）を学ぶものだったとは思いませんが、暗記の要素が強かったというのも事実です。僕は「ゆとりの教育」を受けた第一世代で、そこでは「問題解決型」の総合学習がありましたが、それでも他の時間には（広い意味での）暗記が多かったように思います。

「中学・高校では『勉強のやり方』を学んだけれど、大学では『研究のやり方』を一から学ばなければならないな」

この本を読み進めながら、僕はそう感じました。

「今までレポートは書いてきたけれど、全て『おままごと』レベルだったな」

『知の技法』を読んだり、授業「基礎演習」を受ける中で、今までの自分が恥ずかしくなりました。そして、気づいたら高校までの勉強スタイルから脱却していました。

もし、偉そうな表現が許されるのであれば、「知に対するリスペクト」が芽生えるようになった、と言うことができます。

あえて乱暴に言うと、僕は高校まで、知を「道具」のように捉えていました。教科書に書いてあることを、理解して、覚える。本来、教科書とは「知の集積」であるのにもかかわらず、テストというゴールに向かうための「道具」のように思っていたのです。

僕がこんなことを書いて良いのかわかりませんが、研究というものは、諸先輩方の肩に乗せてもらい、それに自分なりの新しい知見を加え、問題解決を目指すものだと思います。

たとえば、『これから論文を書く若者のために』（酒井聡樹著、共立出版）という本の「論文とは何か」という節に、このように書かれています。

論文とは、以下の三つを兼ね備えた文書のことである。
□未解決の問題に取り組んでいる
□その問題の解決を多くの人が望んでいる
□その問題の解決に、何らかの新しい貢献をしている

このように、先人達からの「知のバトン」を受け継ぎ、自分なりに新しい貢献をして、次の人へバトンを渡していく、そういうものだと思うのです。

「諸先輩方は、人生を賭けて、血のにじむような努力をしてくれたのだ」

このように考えるようになってから、僕は「知に対するリスペクト」を持つようになりました。そして、本や論文を感謝しながら読むようになりました。

もったいないからこそ、学び取る

僕は、本を読み始める時、「とある儀式」をしています。

それは、表紙を開いて、1ページ目に折り目をつける、というものです。

「この本を書いてくれてありがとうございます。「知のバトン」を受け取りましたので、学び取って次の人につなげます」

そう思って、折り目をつけているのです。すると、「学ぶぞ！」という気持ちが湧いてきて、ただ漫然と読み進めるよりも、多くのことが学べます。スポーツで「礼」をしてから始めるのと同じかもしれませんね。

ちなみに、この儀式、もう1つ意味があります。

それは、「古本屋に売りませんよ」という意志表示です。世の中には「本はストックではなくフロー」といって読んだ本を古本屋さんに売る人が多くいますが、僕は「売らない主義」を貫いています。

「それはもったいない！」と思う人もいると思いますが、2つの理由があります。

1つ目は、著者に1円も入らないからです。本に「ありがとう」と思いながら読むわけですから、著者にも「ありがとう」と思っています。なるべく印税という形でお支払いして、感謝の気持ちを間接的に伝えたいのです。

そして2つ目は、「もったいない！」という気持ちを逆手にとって、「だからこそ学び取ろう！」と思えるからです。もちろん、読んでいて「つまらないなぁ、そのまま売ってお金に換えてしまいたい」と感じることもあります。

でも、著者も出版社も膨大な時間と労力とお金をかけて1冊の本を作っていますから、少なくとも1つくらいは学び取ろう、とするのです。そういう「ハングリーな姿勢」で読んでいると、意外と面白くなってきたりするものです。

「ありがとう」と思いながら本を読むと、「いいこと尽くし」なのです。

学んだこと

【本はハングリーな姿勢で読む】

第12のルール

インプットのスピードを上げる

続いては、「本の読み方」に入っていきましょう。

大学に入って、僕は本を大量に読むようになりました。どれくらいの冊数を読んでいるのかと言えば、大体、平均すれば1日1冊くらい読んでいます。多い時は、月に50冊以上読んでいます。もちろん、仕事をしながら、です。しかも、読むスピードは年々、速くなってきています。最近強く思っているのは、本を読むには「技術」があり、その「技術」を身につければもっと読書が楽しくなる、ということです。

読書については書きたいことが多すぎるので、いつか1冊の本にまとめられればと願っていますが、ここではエッセンスを2つに分けて書いていきたいと思います。

1つ目は、「10倍のスピードで読む方法」です。そして、2つ目は、「視野を広げるための読書法」です。

まず、最初にお断りしておきたいことがあります。それは、この手法が「実用書」「専門書」限定だということです。もう少しわかりやすく言えば、「小説では使えない」ということです。いえ、「使わない」というのが正しい表現かもしれません。この手法は、「急いで読みたい」人のためのものなのです。

どういうことかと言えば、実用書や専門書は「知を獲得する」ために読みます（僕は「能動的読書」と呼んでいます）。移動手段で言えば「新幹線に乗る」ようなものです。その一方で、小説は「急いで読む」ものではありません。その世界に入り込む（僕は「受動的読書」と呼んでいます）ことも大切で、「各駅停車に乗って景色を楽しむ」ようなものだと言えるかもしれません

ですから、あくまで「急いで読みたい」人が使うものだと思ってもらえれば幸いです。

では、まずは1つ目の「10倍のスピードで読む方法」について説明を進めていきましょう。

「10倍のスピードで読む」と言っても、別に難しいことはしません。大きく分けて、次の3つの方法があります。

1. 本を読む目的を決めてから読む

2.「はじめに」を丁寧に読む
3. 小見出しに注目する

いかがでしょうか。とりわけ珍しい方法ではないかもしれませんが、実はこの方法、英語の長文読解からヒントを得ています。

ちょっと話はそれますが、英語の長文問題を速く解く方法をご存じでしょうか。私は受験勉強で大量の英文を読む中で、以下の方法で読めば速く解けることに気がつきました。

1. あらかじめ設問に目を通す
2. 最初の段落を丁寧に読む
3. 話題文（トピックセンテンス）に注目する

英語について関心がある方もいらっしゃるかもしれませんので、少し丁寧にご説明しましょう。

あらかじめ設問に目を通す

長文問題のゴールは、文章の意味を一言一句理解することではありません。速く正確に解くことです。私は中学生の頃、長文を読む時「一文ずつ和訳しよう」と思って読んでいました。でも、そうすると時間がかかって仕方がない。なんとかしようと思って、できる友達に聞いてみたところ、先に設問に目を通して、キーワードに印をつけてから読んでいたのですね。「なるほど！」と思いました。

問題を読む前に、「後で何が問われるか」がわかると、頭に入りやすくなります。いわゆる「カラーバス効果」（「今日のラッキーカラーは赤です」のように色をあらかじめ意識すると、その色が目に入ってくること）です。

最初の段落を丁寧に読む

長文問題の最初の段落には、「今からこのテーマで話します」という文章が含まれています。ここを焦って「サーッ」と読み飛ばしてしまうと、「あれ？　何について書かれていたんだっけ？」と途中で頭が混乱してしまいます。最初の段落は他の段落より「3倍」程度の時間をかけてじっくりと読むようにしていました。

▼▼▼話題文（トピックセンテンス）に注目する

これは高校時代に授業で習ったことですが、英文の各段落には1つの話題しか書かれていません。それはそうですよね、意味の変わり目で段落を変えているわけですから。でも、私が驚いたのはここからです。

それは、各段落の一文目は「話題文（トピックセンテンス）」と言われ、その段落のまとめが書かれている、ということです（※小説や会話文ではなく、説明文です）。英語では結論を最初に言うから、各段落の一文目に結論を書くことが多い、ということらしいです。

この3点をマスターするまでは「時間が足りない！」と悩んでいた私が、「素早く読める！」と感じ長文を好きになっていきました。

この方法を、読書に活かしてみたところ、読むスピードが格段に速くなりました。それまで1冊あたり4～5時間かけて読んでいたのですが、30分くらいで読めるようになったのです。まさに「10倍」のスピードです。以下に3つの方法を説明していきましょう。

▼▼▼本を読む目的を決めてから読む

おそらくここが最も大切なことのように思えますが、実用書や専門書を読む時に、「なぜ、この本を読むのか」を明確にしておくのです。学生ならば課題レポートを書くためかもしれませんし、社会人であれば、スキルアップを求めているかもしれませんし、プレゼン資料の根拠を探しているかもしれません。

何を読むにしても、その本を読む目的を決めるのです。そして、そこのみに集中するのです。たとえば、私は教育系企業を経営していますので、「1．教育学の新しい情報を得る」、「2．自分の会社を強くする」もしくは「3．教養をつけて視野を広げる」という3つの目的で、実用書・専門書を選んでいます（繰り返しになりますが、小説とは別の話です）。

そのため、僕がすでに知っている知識は読み飛ばしますし、今の自分の心に刺さらない箇所は読み飛ばします。

そもそも、どんなに集中して読んだとしても、1冊あたり30％くらいしか頭に残らないものです。よって、「その30％を探すんだ」という意識を持って読めば良い、と私は考えています。

▼▼▼「はじめに」を丁寧に読む

先ほどの英語の例では「最初の段落を丁寧に読む」と書きましたが、これは日本語の実用書・専門書で言えば「はじめに」にあたります。ここに書かれていることは、大きく分けて以下の3つです。

①その本を書くに至った経緯
②その本を読むために必要な背景知識
③その本の概要（章ごとに書かれている場合もある）

これらをきちんと把握して、本の全体像をイメージしてから読むと、スラスラと頭に入ってくるようになります。「はじめに」を丁寧に読んだら、目次にも目を通すようにしましょう。目次を見れば「自分にとっては○章と○章が大事だな」というのがわかります。そこから読み進めてもよいでしょう。

また、文庫本であれば裏表紙に概要が書いてあったり、解説が入っていたりしますから、そこも一読するのがおすすめです。Amazonや書評サイトに目を通しておく、というのも理解を促してくれます（ただ、玉石混淆《ぎょくせきこんこう》なので「流し読み」程度で良いと思います）。

▼▼▼ 小見出しに注目する

これは英語の場合の「話題文（トピックセンテンス）に注目する」というのに対応しています。英語では結論を最初に言うから、各段落の一文目に結論を書くことが多い、ということでした。

ただ、日本語の場合にそのまま置き換えることはできません。日本語は「論理」よりも「共感」を大切にしますので、結論は最後に言うことが多いからです。だから、一文目を読んでも、最後まで読まないと主張が摑めないことがあります。その場合は、小見出しに着目してください。小見出しは、段落全体の主張やトピックをもとに書かれていますから、理解を促進させてくれます。もし慣れてきたら、段落の最後や本の最後から読む、というのも良いでしょう。そこには結論やまとめが書かれていますから、先にそれらを確認してから、根拠や具体例を読むのもおすすめです。

どうでしょうか。英語の長文問題を速く解くための方法が、読書にも使えるのです。なぜ使えるのかと言うと、どちらも「速く正確に情報を得る」ということが共通しているからなのですね。読むスピードが速くなると、1日に何冊も読むことができるようになってきます。

ちなみに、これは大学院に入ってから身につけたのですが、論文がもとになっているような難しい専門書を速く読む方法は、少しだけ異なりますので、それをご紹介して次にいきたいと思います。

論文がもとになっているような難しい専門書の読み方は、論文の構成から考えてみると良い、というのが私の持論です。まず、論文は、大きく分けて以下の3層から成り立っている、と私は考えています。

1. 先行研究（筆者が研究するまで、誰によってどこまで進んでいたのか）
2. 独自の考察（その論文の新しさはどこにあるのか）
3. 今後の課題（残された課題は何か）

論文から本になる時、少しハードルを下げるために書き換えることが多いのですが、この3層を意識して読むようにしていました。私は大学院時代から、以下の3点に気をつけていました。

1. この本の元ネタは何？（どの学問の誰の理論をベースにしているのか）
2. この本の独自性はどこ？（新しい視点はどこなのか）
3. この本の限界はどこ？（残された課題は何なのか）

もちろん、3の「残された課題」については書かれていないことも多くあります。ただ、研究には「完成」は存在せず、必ず次にバトンは受け継がれていきます。どんな課題が残されているのか、を考えながら読むことで、主体的に読むこともできるようになりました。本は、「知の集積」とも言うことができます。

ちょっと大げさかもしれませんが、その読み方を少し変えてみるだけで、「知」への新しい扉が開ける、と私は考え、毎日改善をしています。ここでご紹介した方法が、1つでも参考になれば嬉しいです。

学んだこと

【読み方を少し変えるだけで新しい扉が開ける】

第13のルール

量だけでなく、幅が大切

「Facebookは視野を狭くするかもしれないな」

そう感じるようになったのは、2年ほど前のことでした。FacebookのみならずSNSは「自分の関心」をもとに「目にする記事」が決まってきます。Twitterも同じです。自分が「フォロー」した人のつぶやきが、自分のタイムラインに並びます。

一見、「情報収集」ができているように思えますが、どうも居心地が悪い。

いえ、居心地は良いんです。なんというか、居心地が良すぎるのです。「自分の関心」という「枠」の中にある情報しか入ってこない感じがするのです。

こんなことを感じている中で、最近1冊の本に出合いました。ライフネット生命会長の**出口治明さんの『大局観』**（日経ビジネス人文庫）です。

出口さんは**インプットの「量」と同時に、「幅」も大切**だ、とおっしゃっています。そして、「書店に入ったらどの棚に立つかということがだいたい決まっているように、自分から未知の分野の情報を積極的に集めることは、なかなかしんどい」と続け、**「インプッ**

トの幅を広げるためには、生活のどこかを変えてみるといい」と主張されていました。

この本を読んで、確かに書店での本の選び方も固定しているな、と気づきました。本も意識していないと、同じジャンルや、自分の主張に近いものを選んでしまいがちになる、と言えるかもしれません。

意識的に今まで読んでこなかった本を手に取ったり、足を運んでこなかったコーナーに行ったり、と自分の「枠」の外に出ようとする姿勢が大切なのでしょう。

私も自分の「枠」にとらわれないよう、以下の気をつけなければならないことを意識しながら読書をしています。

1. 小説と実用書・専門書の比率は「3：7」にする
2. 異業種と本業の比率は「3：7」にする
3. ベストセラーとロングセラーは交互に読む

以下で説明していきましょう。

▼▼▼小説と実用書の比率は「3：7」に

先述の通り、実用書・専門書と小説は読み方が異なります。実用書や専門書は「知を獲得する」ためのもので、僕は「能動的読書」と呼んでおり、移動手段で言えば「新幹線に乗る」ようなもの。

その一方で、小説はその世界に入り込む「受動的読書」で、「各駅停車に乗って景色を楽しむ」ようなものだ、と書きました。私はどちらかと言えば、小説の方が好きなのですが、そればかり読んでいても視野が広がりません。

小説は私にとって、「心の乾きを潤してくれる」もの。それらは休日や深夜にゆっくり読むようにして、平日の昼間、時間がある時は実用書・専門書を（ハイスピードで）読むようにしています。

▼▼▼ 異業種と本業の比率も「3：7」に

実用書・専門書のうち、異業種と本業の比率にも気をつけています。先述のように、小説と実用書・専門書の比率を「3：7」にし、その実用書・専門書のうち、異業種と本業の比率を「3：7」にすれば、計算上、「小説」「異業種の実用書・専門書」「本業の実用書・専門書」の比率が「3：2：5」になります。

つまり、本を10冊読むとするならば、小説を3冊、異業種の実用書・専門書を2冊、本業の実用書・専門書を5冊読む、ということになります。私は年間300冊読みますので、年間では小説が90冊、異業種の実用書・専門書が60冊、本業の実用書・専門書が150冊程度になるように、心がけています。

本来、読書は楽しむものですからこの数字通りに読もうとしているわけではありませんが、照らし合わせる基準を持っているだけで、読書の「質」が変わってくると僕は信じています。

ベストセラーとロングセラーは交互に読む

そして、ベストセラーとロングセラーのどちらにも偏らないよう気をつけています。ベストセラーは、売れているもの、つまり「話題になっている本」です。これを読むことで、今の時代の流れがわかります。

ただ、出版社のＰＲがうまくいっているだけ、要するに「一過性のブーム」である可能性もあります。だからこそ、「時のふるい」にかけられた「名著」、つまりロングセラーも読まなければなりません。ロングセラーは長い間、人々に読み続けられていますから、時代を超えて必要とされている本だ、と言うことができます。

たとえば、読みやすいもので東洋の本を挙げるとすれば、『論語』『菜根譚』『学問のすすめ』など。西洋の読みやすい本であれば、『自助論』『7つの習慣』『人を動かす』などです。

これらの本が書店の店頭に積んであることは（あまり）ありませんが、1冊は置いてあると思います。書店に行って店頭でベストセラーを手に取った場合、奥の別のコーナーからロングセラーも取ってみると良いのではないでしょうか。

以上、視野を広げるための読書法をご紹介してきましたが、最後にもう1つだけご紹介したいと思います。それはとてもシンプルな方法で、「みんなで1冊の本を読む」というものです。

同じ本を買い、自分が関心を持ったところに付箋を貼り、線を引いて、考えたことを書き込みます。そして、みんなで集まった時にその本を交換して読み合うのです。

私は自社でよくやっていますが、必ず盛り上がります。普段一緒にいる人が「こんなことに興味を持っていたのか！」と驚きますし、そもそも相手が手にして書き込んだ本を覗《のぞ》くというのは、相手の頭の中を「覗き見」しているような気がしてドキドキします。

ちなみに、付箋は、「ポスト・イット ジョーブ 透明見出し44×10㎜」を使っています。上半分だけカラーで、下半分は透明であるため、本文が隠れなくてちょうど良いのです。「20枚×6色×10個」というセットをAmazonで買うと安くなっていますので、おすすめです。スーツにせよ、私服にせよ、常に付箋はズボンの右ポケットに入れており、手持ちの本にいつでも貼れるようにしています。

以上、「本との向き合い方」と「本の読み方（10倍のスピードで読む方法と、視野を広げるための読書法）」について書いてきましたが、いかがでしたでしょうか。

最後に本に関する名言をご紹介して終わりたいと思います。

その名言とは、イギリスの美術評論家である、P・G・ハマトンの言葉です。『知的生活』（渡部昇一／下谷和幸訳、講談社学術文庫）に書かれたものですが、この本もとにかく面白いので、ご一読をおすすめします。ハマトンが様々な人に向けて書簡を送る、という設定で書かれた本です。以下の言葉は「第五章　金銭の影響力について」の「きわめて貧しい学生へ」というタイトルで書かれた書簡の最後の部分です。

あなたが最高の文学を読んでいる時は銀行家で大富豪のロスチャイルド男爵同様充実した時を過ごしているのです――いや、確実にあなたのほうが充実した時間を過ごしていると思います。すぐれた書物をひらく時、私はこうつぶやいてみるのです。「さて私が羨む唯一の大富豪とは、これ以上の本を読んでいる者だけだ」と。

学んだこと

【読書は「3：7」の比率が大切】

コラム3　起業前夜2「会社を創れ！」

20歳の若造が「学校を創りたい」なんてよく言えたものだな、と今思うと笑ってしまうのですが、当時から本気でそう思っていました。ＩＴを駆使した学校でも、エリート養成学校でもありません。普通の学校です。生徒一人ひとりのことを考え、子ども達に寄り添った教育ができる学校。母校に不満があったわけではありません。ただ、特に理由もなく、「いつか自分で理想の学校を創ってみたい！」と思っていました。

ひとしきり僕から熱く語った後、長江がじっと企画書を見つめていました。

「どうしたの？」

「ところでさ、なんで文武両道の後ろにドットコムがついているの？」

「いや、なんとなく、かっこいいかなって」

「それだけの理由で？　ネットサービスじゃないのに？」

「うん。まぁ、気にするなよ。俺が代表。長江は副代表ね」

「お、ありがとう」

副代表という響きに身を乗り出してくれる長江を見て、これまでの鬱屈した日々に終止符を打てそうな気がしてきました。早速、駒場キャンパスに戻り、僕らは図書館のパソコンの前に座りました。

「清水、競合調べようよ。マーケティングしないと」

「キョウゴウ？　マーケティング？」

「競合分析は基本中の基本だよ」

さすが、経済学部に進学するやつは違うな、と感心しながら、「東大　家庭教師」とグーグルで検索してみました。

「差別化をどうするか、だね」

「サベツカ？」

「他のサービスとの違い、だよ。値段を下げたり、付加価値つけたり」

「フカカチ？」

こんなやりとりを続けるのも、新鮮で楽しく思えてきました。

数日後、学校のお手伝いもさせてもらいたかったので、「何かご一緒させて頂けませんか」と知り合いの先生方にも話を伺ってみたら、「面白いこと考えているね。でも、株式会社じゃないと契約を交わせないかもしれない」と言われました。

「株式会社か……」

2人じゃ人手が足りない気がしたので、仲間を集めようとmixiを開きました。

「教育ベンチャー立ち上げます」

先ほどの「企画書もどき」を貼り付け、自分なりに想いを書き連ねました。

「誰か反応してくれ……！」

そう願いながら、日記を友達に公開しました。すると、すぐにコメントがつきました。

東大の同期、八尾直輝（現取締役）でした。僕はホッケー部の新歓代表で、八尾はアメフト部体育会の新歓代表でした。体育会の会議で数回顔を合わせていました。やたら頭がキレて、黒くてゴツい男。それが八尾の印象でした。

「何それ、興味ある」

「ありがとう。いつ会える？」

コメントを見てすぐにメッセージを送ったところ、即座に返信が来ました。

「明日の朝とか、どう？　どこでも大丈夫」

(いいね、そうこなくっちゃ)

八尾のスピード感に惹かれながら、僕らは翌朝、飯田橋駅のベッカーズで待ち合わせしました。階段を上って2階の奥のテーブルに腰掛け、ハンバーガーを頬張る八尾を目の前に、僕は考えていることを話しました。

「いいじゃん、俺は何すればいい？　なんでもするよ」

(……ブルドーザーみたいな男だな)

アメフトでのポジションはセイフティ。ディフェンスの一番後ろ、つまり、最後の砦《とりで》です。僕のホッケーのポジションはフォワード。リスクを取って敵陣に斬り込むポジションです。そんな僕とは対照的に、八尾はどっしりと構えていて、頼りになりそうな印象を受けました。

mixi効果は絶大で、八尾以外にも多くの友達が集まってきてくれました。

「HPを作ることになったら声かけてよ」

「何か雑用でもできることない？」

持つべきものは友。

駒場キャンパスの近くにある公民館を借りて、みんなの前で説明会をしました。東大の友達が一堂に会してくれ、僕は大きな声で言いました。

「今までの公教育は、ベネッセや公文、塾や予備校が支えてきた。でも、それらも昔は小さな会社だったはずだ。この国の教育を牽引《けんいん》する企業を創ろう。ジョン・デューイのオープンスクールのように、世界中から教育学者が見学に来るような現場を創ろう。日本の教育に一石を投じるんだ」

日本の教育に一石を投じる。この言葉が僕達の合言葉となりました。お金は全くないけれど、僕達には志がある。

その晩、近くの定食屋さんで長江とご飯を食べていたところ、彼は1冊の分厚いフリーペーパーを持っていました。それは、リクルートが発行している住宅情報誌でした。

「何持ってるの?」

「駅のホームにたくさん並んでいたんだよ。オフィスどこにしようか」

「オフィス? なんか、響きがかっこいいな。ベンチャーって感じだな」

1ページにいくつも載っている賃貸の住宅情報を、僕は食い入るように見始めました。

「港区ってマンション一人暮らしで10万円以上するんだ……。うわ、家賃40万って誰が住むんだよ、こんなところ……。あ、ここ安いよ。月４万円だって」

「青梅駅から徒歩40分って、どうやって通うんだよ」

「近いと高くて住めない。安いと遠くて通えない。価格の設定ってよくできているんだなぁ…」

大人の世界が垣間見えて、妙に感心してしまいました。

「このままだと青梅まで通うことになるなぁ。それとも長江の自宅にしようかな」

「俺の自宅はやめてよぉ、母ちゃんいるし……」

２人で悩んでいたその時、奇跡が起こりました。大学の友達から一通のメールが届いたのです。


（コラム４に続く）

第14のルール

メンターを見つける

ひとつの出会いで人生は大きく変わる

20歳で始めた会社経営が、最初からうまくいくはずがありませんでした。正直に言えば、最初の3年間は「ほとんどが失敗」でした。

詳しくはコラム5に書いていますが、創業3年で会社は倒産寸前でしたし、初めて入社してくれた正社員も、1年でやめてしまいました。

その一方で、周りのIT系若手起業家は会社を軌道に乗せていきます。売上も伸ばし、社員も増やし、綺麗なオフィスに移転し……。そんな友人達と比べて、「僕はダメだ」と何度思ったことか。自分の至らなさを直視せず、「うちの会社は教育系だから」と逃げ続けていました。

そんな時に、1人の方と出会い、僕の人生は一変しました。

2010年の冬。偶然の重なり合いで、その方とお目にかかることができました。場所は、たまたまＳＮＳで知り合った方に誘われてお邪魔した、経営者が集まるパーティーでした。

「場違いなパーティーに来ちゃったなぁ……」

日本橋のロイヤルパークホテル。

目の前にはテレビや新聞で引っ張りだこの経営者がズラリ。高級スーツを身にまとい、凛とした佇《たたず》まいで語り合う社交場の隅っこで、僕はただオドオドしていました。

そこは、日本経済の中心であるかのようでした。

「俺の来る場所じゃないな。帰ろうかな」

しばらくして出ようとしていた時、グレーのスーツを着た、長身の男性が目に入りました。

「なんてかっこいい方なんだろう……」

ぼーっと眺めていたら、目が合ってニコッと笑ってくださったので、こちらも会釈をしました。勇気を出して話しかけてみようと思い、歩いて近づいていきました。

「はじめまして。ご挨拶をさせて頂いてもよろしいでしょうか」

緊張してぎこちなく名刺を取り出す僕とは異なり、その方は胸ポケットからスマートに名刺を差し出してくれます。

「はじめまして、Oです」

微笑むその方の正体は、社員数千人のグローバル企業の代表でした。

「えー！　御社の製品、うちの実家にたくさんあります！　父がファンなんです！」

「おお、ありがとう！　嬉しいよ。お父様によろしくお伝えください」

僕はその時、「こんな偉い人と直接お目にかかれて、今日はラッキーだ！」と興奮しており、まさか、その方が僕達の会社に入社してくれる――なんて、想像さえしていませんでした。

そう、その方は、ご自身が経営されるグローバル企業を退職され、創業3年のプラスティーに来てくれたのでした。

初めてお目にかかった時、僕は自分がやりたいことを話しました。これからの時代は教育が重要であること。自分は中学2年生の時から教育学をやってきたこと。20歳で教育系ベンチャー企業を立ち上げて、いつか学校を創りたいこと。

それ以来、Oさんは少しずつうちの会社に遊びに来てくださるようになり、気がついたら入社してくださっていました。

「そんな凄い人が来てくれたら、会社を乗っ取られるんじゃないの？　怖いからやめた方がいいよ」とアドバイスをくれる人もいましたが、「うちを乗っ取って何になるのさ」と僕は笑い飛ばしていました。

Oさんのお陰で、僕は一から会社経営を学ぶことができました。倒産寸前だったうちの会社もV字回復し、その時から今までの5年間、「無借金黒字経営」で安定成長を続けていけるようになりました（Oさんは今でも週6日、朝から晩までうちの会社で働いてくださっています）。

「奇跡」とも言えるこの経験から、僕はメンターという存在の大きさを、肌で感じることができました。

反応がいい人間は愛される

メンターとは、日本語で言えば「師匠」「恩師」などの言葉があたります。「人生の選択で困った時に、ヒントをくれる人」である、と僕は解釈しています。

僕にとってのメンターは2人です。Oさんと、大学・大学院時代の指導教官の田中智志先生です。

では、出会った方にメンターになってもらうためには、どうしたら良いのでしょうか。それを考えるために、「可愛がりたい人」について、僕の意見を述べさせてもらいたいと思います。

僕は毎日たくさんの生徒と接しています。そして正社員12名とアルバイト20名の計32名の部下と接しています。生徒や社員には、出来る限り「公平に」接したいと心がけていますが、教育者である以前に僕も人間なので、ついつい目をかけてしまう人が出てきてしまいます。「そんな人はどんな特徴を持っているんだろう」と不思議に思って、考えてみたことがあります。

結論は、「反応がいい人」でした。生徒でも、社員でも、「反応がいい人」が可愛い。ついつい目をかけたくなってしまうのです。

では、「反応がいい人」とは具体的にどんな人なのでしょうか。

たとえば、生徒。こんな三拍子がそろっている子です。

①授業中にうなずきながら聞いてくれる

②「これ、やるといいよ」と課題を与えると、すぐに取り組んでくれる

③「次、何をやればいいですか？」と意欲的である

教育関係の方ならご理解頂けると思いますが、こんな生徒には、自分の休みを削ってまでも「尽くしてあげたい！」と思ってしまうのですよね（もちろん、教育者たるもの「ひいき」はして良いはずがありません）。

続いて、社員で言えば、こんな三拍子をそろえている人に「尽くしてあげたい」と思ってしまいます。

①アドバイスを楽しそうに聞いてくれる
②本をすすめると、すぐに読んで返してくれる
③頼んだ仕事を（質が低くても）取り急ぎ「超特急」で仕上げてくれる

どうでしょうか。可愛がってあげたくなりますよね。

▼▼▼人を喜ばせるということ

うちの会社の社員に西川という者がいます。国際数検（当時）で金賞を獲得している「数学オタク」なのですが、西川は「数学力」だけでなく「後輩力」も高い。というのも、彼に本をすすめると、いつも次の日に感想が返ってくるのです。「え？　いつ読んだの!?」

と聞くと「昨夜、読み終わりました！　この部分が面白かったです。他におすすめ、ありませんか？」と答えます。

そんなことがあると、「じゃ、この本どう？」と次の本を紹介する。そうすると、次の日に「読みました！」。

「メンターに可愛がってもらう方法」なんて書くと自分でも「うさんくさい！」と思ってしまいますが、一応、僕も気をつけていることがあります。

①目上の方にお目にかかった後、翌朝までに御礼メールをお送りする
②すすめて頂いたものは「すぐ・その場で」購入し、後日感想をお送りする
③こちらから定期的に近況報告をさせて頂く

目新しいことはないかもしれませんが、「師匠（メンター）-弟子（メンティ）」の関係である以前に、人間同士の関係のはずです。「どうしたら先輩に喜んでもらえるか」という問題は、「どうしたら人に喜んでもらえるか」という問題に置き換えることができると思っています。この①〜③は意識していないと忘れてしまうので、僕はたえず気をつけて

いるつもりです。

でも、読者の皆さんの中には、「いやいや、そもそもどうすればメンターに出会えるかわからない」という人もいるかもしれません。それについて、次のルールでご説明させて頂きます。

学んだこと

【どうしたら人に喜んでもらえるかを考える】

コラム４　起業前夜３「弊社のオフィスは渋谷です」

「mixi 読んだよ。ベンチャーの社長、紹介しようか?」

飛びつくように紹介してもらい、早速、渋谷のオフィスに会いに行きました。

「うちの空いている部屋、使っていいよ。タダで」

「えっ、タダでいいんですか!?」

「月に８万円くらい入れて欲しいけれど、最初はタダでいいよ」

その方の借りている渋谷のワンルームマンションのスペースを間借りする形で、「文武両道.com」はスタートしました。

「渋谷のオフィスってかっこいいな」

帰り際に長江と話していました。

「弊社のオフィスは渋谷です」

「弊社のオフィスは渋谷です」

２人で笑いながら帰りました。

ワンルームマンションだろうとなんだろうと、オフィスはオフィス。一国一城の主。起業という行為が、急に現実味を帯びてきました。

帰り際に『会社の作り方』というような本を買い、それに沿って法人登記を済ませました。資本金は1円から創れるようになっていましたが、1円だと恥ずかしいので50万円にしました。

「設立日、どうしようか？」

長江に聞かれました。

「今5月上旬か。5月31日が俺の誕生日だけど、待てないな。祖母の命日が23日だから、それに合わせようかな。ずいぶんと可愛がってもらったし」

「わかった。じゃあ行こうか」

よく晴れた昼下がり。渋谷の代々木公園を横目に、買ったばかりでまだ着慣れない真っ黒いスーツを身にまとい、僕たちは早歩きで東京法務局渋谷出張所に向かっていました。

「この書類が受理されれば、会社ができるのか」

手の汗で少し湿ったその紙には「株式会社設立登記申請書」とあり、「商号」の欄には

「株式会社プラスティー」とボールペンで書かれていました。

プラスティー。CHANCEの2つ目のCに小さなTを足せば、Gになる。そのTはトライのTです。CHANCE＋T（プラスティー）でCHANGE。「チャンス（CHANCE）にトライ（TRY）して日本の教育をチェンジ（CHANGE）しよう」という想いを込めた社名です。

結局、理由は忘れましたが、なんらかのミスで設立日は20日になりました。

5月20日。

なんでもない1日が、自分にとって最も思い入れのある1日へと変わりました。

「今はプラスティーなんて言葉、誰も聞いたことがないけど、いつかプラスティーって名前を聞いたことがある人に会ってみたいなぁ」

「そうだね」

公園の目の前にある交差点を渡ったところで、長江と話していました。

これからどんな苦難が待ち構えているんだろう。

でも、なんとかなりそうな気がする。

不安をかき消すほどに眩《まぶ》しい光を全身で浴びながら、僕達は歩いて大学に戻りました。

（コラム5に続く）

第15のルール 「偶然」を楽しむ

では、メンターになってもらえるような方とは、どうすれば出会うことができるのでしょうか。まず、メンターという存在について考えてみましょう。私は2つに分かれると考えています。

1つ目は、今いる環境で出会える人。学校であれば部活の先輩かもしれませんし、会社であれば同じ部署の先輩かもしれません。うちの会社でもやっていますが、最近は多くの会社が「メンター制度」を導入していますよね。かなり具体的な相談にまで乗ってもらえるので、大切な存在だと思います。

2つ目は、その反対で、今のコミュニティの「外」にいる人です。昔からお世話になっている人かもしれませんし、最近会った人かもしれません。

ここでは、2つ目のメンターとどうすれば、出会えるのか、を考えてみます。

フットワークを軽くする

会合や飲み会、パーティーなどに呼んでもらえるということは、主催者が「誰かを紹介したい」もしくは「面白いと感じてくれるのでは」と思ってくれているはずです。そのチャンスを逃すのは大変もったいないことです。僕も（執筆期をのぞいて）呼ばれたら基本的に顔は出させてもらうようにしています。いつ、どんな人と出会えるかわからないからです。

先ほどライフネット生命の出口会長の『大局観』（日経ビジネス人文庫）という本をご紹介しましたが、出口会長はその中で、呼ばれたらどこでも行く、と述べられています。出口会長のような方でも、新しい刺激を求めて飛び回っておられるわけですから、僕なんて、なおさらです。ビジネスで言えば、「行って良かった！」と心から思えるような飲み会は5回に1回、いや10回に1回くらいなのではないでしょうか。打算的に考えるわけではありませんが、まずは色んなところに顔を出すところから始めるのが良いと僕は考えています。

ただ、この「外に出る」ことに関して、僕は2回ほど失敗したことがあります。1回目は、会社を創って1年目の頃。「とにかく人と会うんだ！」と色んな異業種交流会に参加させてもらっていました。大人ばかりの会でしたから、「20歳で会社を創りました！」と言うだけで、有り難いことに可愛がって頂けました。

確かに色んな人を紹介して頂き、名刺交換をさせてもらって、知り合い（顔見知り）は増えたかもしれません。でも、仕事にプラスになることはありませんでした。「この時間、仕事をすべきだったのではないか」と反省しました。

そこでの反省から、「○○さんを紹介してください」と名刺交換をさせて頂くのではなく、1日でも早く周りの人から「紹介したい人がいるんだけど」と言ってもらえる人に変わろう、と心に誓いました。

2回目の失敗は、会社を創って4年目くらいの頃。社外の方との会食が増えすぎて、社員とのコミュニケーションが疎《おろそ》かになってしまったのです。創業期は、お仕事もそんなに多く頂けたわけではなかったので、基本的に社内にいました。それが、一変して忙しくなった。その時、僕は優先順位のつけ間違いをして、社外の方との会食を優先してしまったのです。

その結果、社内で「あれ？　その情報、俺だけ知らないかも？」ということも増え、「会社の情報を一番知らない人」になってしまいました。

ここでも反省をして、「1年間、会食禁止」という極端な行動を取りました。もちろん、ゼロではありません。どうしても外せないクライアント企業・学校・教育委員会の方との会食を月1～2回までにし、後は社員と食事をするようにしました。

「そこまでする必要があったの？」と思われるかもしれませんが、「そこまでしないとダメなくらい、社内でのコミュニケーションが取れていなかった」と解釈してください。

ここでの反省から、「身近な社員・家族との時間を取りながら、フットワークを軽くしよう」と思うようになりました。今でも昼・夜合わせて月20回は社員と食事をしていますし、社外の方との飲み会は、なるべく1次会で帰らせてもらうようにしています。

偶然の出会いにこそ、発見がある

脳科学者の茂木健一郎さんも『セレンディピティの時代――偶然の幸運に出会う方法』（講談社文庫）という本でセレンディピティについて詳しく書いておられますが、大切なことは「セレンディピティの素晴らしさを知ること」ではなく、「セレンディピティを楽しめること」です。

自分自身、中学時代の社会のレポート取材や、花屋のお兄ちゃん（コラム1参照）、そしてメンターのOさんなど、様々な偶然が重なって人生が開けてきました（もちろん、ここで書き切れていない出会いもたくさんあります）。

その偶然の出会いの中には「あの時出会えてなかったら、今頃、僕はどうしていたんだろう」と冷や汗をかくものもあります。その「ヒヤヒヤ」も含めて、偶然を楽しめること。この姿勢が大切なのではないかと僕は信じています。

ちなみに、セレンディピティに関しては、外山滋比古さんが『思考の整理学』（ちくま文庫）や『乱読のセレンディピティ』（扶桑社）などにわかりやすくお書きになっていますが、興味がある方は『セレンディピティと近代医学——独創、偶然、発見の100年』（モートン・マイヤーズ著、小林力訳、中公文庫）をお読みになると面白いと思います。人だけでなく、ものや概念との出合いも、偶然から生まれることが多くあります。この本を読むと、医学が「偶然」進化していった歴史を知ることができます。

▼▼▼ 周りと違った経験を積んだ人になる

ちなみに、先ほど「紹介したい人がいるんだけど」と言ってもらえる人に変わろう、と心に誓ったと書きましたが、そう言ってもらえる人とはどのような人なのでしょうか。もちろん、「本業で偉業を成し遂げた」人かもしれませんが、それだとずいぶんと先になってしまいます。

少し抽象的な話になってしまいますが、私は、「面白い人」つまり、「人とは違った経験を積んでいる人（もしくは考えを持っている人）」なのではないかと思います。うちの社員に、面白い者がいます。綿貫という、かつてゲーム会社で働いていた者で、うちではコンテンツ事業部を任せています。

この綿貫が面白い。「こんなに顔が広い人は見たことがない」というくらい友達が多いのです。そして、私が言うのもどうかと思いますが、みんなに好かれている。「どうしてだろう」と観察したら、面白いことがわかりました。

一緒に青森に出張していた時のことです。講演先は「田子町《たっこまち》」というところで、にんにくの名産地でした。その町で昼ご飯を食べていた時、綿貫が面白いものを注文し始めました。それは「にんにくソフト」というソフトクリーム。

「綿貫くん、趣味悪いよー」と言ったら、「いやいや……」と否定して、彼はこんなことを言っていました。

「面白い経験をすればするほど、話の引き出しが増えるじゃないですか」

なるほど……。ネタ作りだったのか、と僕は感心してしまいました。普段からネタ探しをしているから、「にんにくソフト」が目に入ったのでしょう。面白い経験を喜んで積み、それをネタにして惜しみなく提供できる人のところには、確かに人は集まってくるんですよね。

ちなみに、僕は綿貫の話を聞いた後でも「にんにくソフト」を食べませんでした。まだまだ修行が必要なようです。

学んだこと

【大切な人やものとの出会いは偶然から生まれる】

第16のルール タフな心と身体を作る

「社長が風邪を引いてどうするんですか」

会社を創って2年経った頃、うちの生徒のお父様に、お叱りを頂いたことがあります。

当時、僕は22歳。部活を大学4年生の秋までやり終え、「よし、仕事に集中するぞ！」と一気に運動をやめて、働いてばかりいた頃のことでした。

なぜか、身体の調子がおかしいのです。体調は崩しがちになりますし、風邪を引いても治りにくい。

「おかしいな……。仕事に集中したいのに……」

焦り続ける中、先ほどのお叱りを頂きました。

「やはり学生が創った会社ですね。清水さんには、もっとプロ意識を持ってもらわないと困ります」

今となっては「なんて有り難い方なんだろう……」と感謝することができますが、その時は、当然のように、ただひたすら落ち込みました。

「もう二度と、風邪なんか引くものか」
そう反省して、徹底的に生活を改善し始めました。

▼▼▼ 遅れず、休まず

まず、最初に始めたことは、先輩の経営者がどのように健康管理をしているか、を勉強することでした。必死に本を買いあさりました。

一番衝撃を受けたのは、日本電産の永守重信社長の生活です。詳しくは『日本電産永守イズムの挑戦』（日経ビジネス人文庫）をお読み頂けたら幸いですが、永守社長は「元旦の午前中」しかお休みを取らないそうです。

そして、読み進める中で、いかに自分が甘ったれた人間であるかを思い知らされました。この本には、とある企業の再建ストーリーが書かれているのですが、その会社を再建するにあたって永守社長は「遅れず、休まず」を徹底して欲しいと訴えておられました。

裏を返せば、「遅れず、休まず」が徹底されていない会社を私が創り上げてしまったら、将来再建が必要になってしまう。また、この本では「率先垂範」（先頭に立って、模範を示すこと）の大切さが説かれていました。リーダーである僕が体調不良で休んでいたら、一瞬で会社がダメになってしまう。

「ハードワークをするためにも、徹底した健康管理が必要だ」と反省しながら読み進めていると、最後の方で健康管理について書かれていました。このようなものが挙げられています。

・タバコは体に悪いからと、これまでの人生で吸ったことがない。
・「若いころは浴びるほど酒を飲んだ」というが、45歳のときにやめた。理由は、お医者さんに「もっと働くためには何をすればいいか」と聞いたところ、「お酒をやめることです」と言われたから。今では食事のときに一本だけノンアルコールビールを飲まれるそうです。
・体重70キロを目安にしている。72キロになると食事を減らし、68キロになると食事を増やす（ＢＭＩの「正常」の範囲内）。
・１００歳まで生きようとしている。

この本を読んでいて、僕は自分が情けなくなりました。何度も本を閉じたくなりましたが、最後まで読み終わると、「このままじゃまずい」とメラメラと心に火がつきました。

「よし、運動を再開しよう」

僕は、決意をしました。でも、今までのように、毎日何時間もホッケーをする、なんて生活に戻ることはできません。休んだら叱ってくれる先輩もいませんし、1人では続けにくい。

「社会人は、意識をしないと運動しなくなってしまう」

危機感を覚えた僕は、まず、運動する目的を考え直しました。


それまで……他校にホッケーの試合で勝つため。

これから……休まずに働くため。

　仕事で最大のパフォーマンスを発揮するため。


当然のごとく、目的が全然違うことがわかりました。

「仕事のための運動とは、どんな運動なのだろうか」

そう考えた僕は、1つの結論を出しました。仕事のための運動とは、以下のようになります。

仕事に支障をきたさないくらいの短時間で、タフな心と身体を鍛える運動

学生時代とは違いますから、「いくらでも時間を費やす」なんてことはできません。そして、身体を鍛えるのと同時に、仕事を支える「心」も鍛える必要があります。

健康管理についての本を買いあさり、食生活も改善した結果、それからの5年間、なんと一度も風邪を引かずに毎日仕事をすることができています。

では、「仕事に支障をきたさないくらいの短時間で、タフな心と身体を鍛える運動」は、どのように実現できるのでしょうか。僕が実践してきたことをご紹介したいと思います。

▼▼▼運動すれば脳も鍛えられる

まず、そもそもどうすれば運動を続けることができるのでしょうか。

読者の皆さんの中にも「運動を続けたいけど続かない」と悩んでおられる方がいると思います。運動が身体に及ぼす影響は、ここでは説明不要だと思いますので、継続するため

にはどうすれば良いか、を述べていきたいと思います。

私は、「学習の習慣化」をテーマに研究と実践を続けてきましたので、運動の習慣化ができない理由も、ある程度理解できています。

問題としては、大きく分けて、2つあります。

① 続けるべき「強い理由」を知らない。
② 続けるための「コツ」を知らない。

1つ目の続けるべき「強い理由」を知らない、とは、つまり、「運動した方が良い」ことは理解できていても、それだけでは自分にとってメリットが弱い、ということです。より強いメリットを感じてもらうために、1冊の本をご紹介したいと思います。

それは、『脳を鍛えるには運動しかない！――最新科学でわかった脳細胞の増やし方』（レイティ／ヘイガーマン著、野中香方子訳、NHK出版）という本です。

この本は、大学の先輩で、小説家・実業家の石井大地さんに教えてもらいました。石井さんはブログでこんなことを書いておられます。

読書を続けていると、稀に、人生を一変させるような革命的な本に出会うことがある。今回紹介する『脳を鍛えるには運動しかない！』は、一読しただけで読者の人生を完全に塗り替えてしまうほどの衝撃を与える作品である。

〈本当に大切なことは、いつも1つしかない〈石井大地Blog〉より引用〉

「石井さん、言いすぎでしょう」と疑って読み始めましたが、僕の感想も、同じでした。この本は、凄い。ハーバード大学医学部のレイティ准教授が「運動すれば脳が鍛えられる！」と一貫して熱弁をふるっておられる本ですが、多くの事例とエビデンスが載っており、「なるほどなぁ」と何度も納得させられました。少し丁寧にご紹介をしたいと思います。

▼▼▼ 運動するとストレスも軽減される

この本の中で、最初に目を惹くのが、アメリカ・シカゴにあるネーパーヴィル・セントラル高校での実験です。

この高校では、一部の生徒に対して、「0時限」(ゼロ時間目) に体育の授業を入れてみたそうです。すると、面白い結果が出ました。

1時間目が始まる前に、最大心拍数の80~90%の間で運動した生徒達は、「朝寝坊を優先して普通の体育にしか出なかった生徒達」と比べて、学力が伸びたのです (リーディング力と理解力のテストをしたところ、1学期間での成績の伸びが、前者が17%だったのに対して、後者は10・7%にとどまった)。

ネーパーヴィル・セントラル高校では、この実験以降、「0時限」の体育を「学習準備のための体育」と名付けて、カリキュラムに組み込んだそうです。そして、TIMSS (国際数学・理科教育動向調査) で理科・数学ともにトップクラスの成績になったとのこと。もっと詳細なデータが欲しいところですが、あまりにインパクトの大きい結果です。

そして、この本には、運動はストレス解消にも効果的である、とも書かれています。レイティ准教授は、ストレス解消方法を「ワイン」から「縄跳び」に替え、「脳が再起動したような感じなんです」と述べた女性の例を出しながら、このように述べています。

複数の研究により、慢性のストレスにさらされているラットを運動させると、縮んでいた海馬が元の大きさに回復することがわかっている。運動が人間の思考や感情を変化させる仕組みは、ドーナツや薬やワインよりよほど効果的だ。泳いだあと、もしくは早歩きしただけでも、ストレスが減ったように感じるなら、それは本当にストレスが減ったからなのだ。（第三章「ストレス——最大の障害」より引用）

脳にもストレスにも良い運動。では、具体的にはどれくらいの運動をすれば良いのでしょうか。レイティ准教授は、十章「鍛錬——脳を作る」でこのようにまとめています。

・週に6日、なんらかの有酸素運動を45分から1時間する
・そのうち4日は中強度で長めにやる
・あとの2日は、高強度で短めにする（注：筋力トレーニングを含むと良いが、2日連続ではダメ）

ちなみに、高強度の運動は、最大心拍数の75～90％で、中強度の運動は、65～75％です。最大心拍数は「220から年齢を引く」ことでおおまかに算出できますので、あなたが40

歳だとすれば、約１８０ということになります。その場合、高強度は心拍数が１３５〜１６２になり、中強度は心拍数が１１７〜１３５になります。

「でも、心拍数なんて、どうやって計測すればいいの？」と思う方もおられるかもしれません。あくまで僕の経験上ですが、大体、これくらいの負荷になります。

高強度の運動……ちょっと速めのジョギング程度、筋力トレーニング

中強度の運動……早歩き程度

「でも、それって人によって違うんでしょ？　正確な数値が知りたいよ」という方には、先ほどの石井さんに教えてもらって僕も使っている「機器」をご紹介したいと思います。

それは、ご存じの方もいるかもしれませんが、「Fitbit Charge HR」というウェアラブル（装着可能）な時計型フィットネス機器です。

値段は２万円くらいと、お金がかかってしまいますが、「生活改善のきっかけ作り」としては最適だと思いますので、僕は買ってすぐに「元は取れたな」と感じました。

この機器には以下を計測してくれる機能があります。

・歩数
・心拍数
・距離
・消費カロリー
・上った階段の段数
・アクティブな時間数

また、上記のデータはクラウドで管理されているので、スマホのアプリやPCで見ることができますが、使い始めてビックリしたことは、その日の運動を「高強度・中強度・低強度」に分けて、自動で時間を表示してくれる、ということです。

そして、睡眠中も装着していると、「熟睡している時間」まで計測してくれ、睡眠の改善にも役立てることができるのです。

もちろん、時計の機能もあるので、「オシャレな時計をつけている気分」で、健康管理をすることができます。もちろん、Fitbit 以外の類似機器も売られていますので、好みに合うものを探してみてください。

1つ目が長くなりましたが、2つ目の続けるための「コツ」を知らない、に話を移しましょう。

何かを続ける時は、達成感が必要になります。運動で言えば、継続後しばらくして鏡を見て「あれ？　やせたかも‼」と感動した場合、それは確かな達成感でしょう。ただ、そこまでが難しい。

そのためには、努力の「見える化」が大切です。

第6のルールの中の「努力を見える化する」で書いた「インクの残量が見える黒ボールペンを用いて勉強する」という僕の例も同じです。

運動で言えば、実際にどれくらいのカロリーを消費したのか、どれくらいの歩数を歩いたのか、などが見えると、やる気は維持することができます。もちろん、先述の通り、Fitbitのような機器は自動でデータ化・グラフ化をしてくれますので、継続の一助となることでしょう。

誰かと一緒だと、脳への効果大

先ほどの『脳を鍛えるには運動しかない！』でも詳しく書かれていますが、友人と一緒に走ったり、サイクリングしたり、ウォーキングすることで運動が続けやすくなることは、科学的に立証されているようです。「脳への神経学的なメリットは、人と一緒に運動するとより大きくなることが、いくつもの研究により明かされている」そうです。

ただ、「人と一緒にする」ためには、その人と時間を合わせなくてはなりません。この本ではパーソナル・トレーナーを雇うことをすすめていますが、費用はその分だけ高くなってしまいます。

では、どうすればよいのか。うちの会社の役員同士でやっていることをご紹介しましょう。

それは、先述の「Fitbit Charge HR」を用いて「競争」をする、というもの。

実は、同じデバイス（機器）を持っている人同士が、リアルタイムで競争ができるようになっているのです（時代は進歩しましたね……！）。相手との差が広がってくるとPCやスマホに「○○さんは、今日、９７００歩歩いています。あなたより２６００歩多く歩いています。もっと歩きましょう！」というようなアナウンスが飛んできます。

このアナウンスが飛んでくるたびに、「よく見てるなぁ……」とクスッと笑ってしまいます。これならば、同じ時間に同じ場所にいなくても、一緒に続けることができますよね。うちの役員同士では「その週に一番歩かなかった人がご飯をおごる」など「罰ゲーム」を用意しながら、楽しく健康的な生活を続けています。

運動の大切さをご理解頂くとともに、「よし、運動しよう！」と決意を新たにしてもらえたらとても嬉しいです。

ところで、最近読んだ本の中に『一流役員が実践している仕事の流儀』（安田正著、クロスメディア・パブリッシング）という本がありますが、そこに面白い表現がありました。それは、「役員は、健康のためなら死ねる」というものでした。一流の会社役員の中には、「健康オタク」がたくさんいるそうで、「役員同士でお酒の席などがあると、子どもがカードゲームのカードを自慢し合うかのように、お互いのピルケースを見せ合うようなオタクぶり」だと書かれていました。

「健康オタク」になれば社会で活躍できるかどうかはわかりませんが、僕は健康の大切さに早い段階で気づいて良かったと思っています。

最後に、レイティ准教授が引用した「僕らに優しい」神経科学者コットマンの研究成果を紹介して、次のルールに進みたいと思います。

コットマンは、毎日運動できればベストだが、休み休みでも運動すれば驚異的な効果がある、と結論した。運動は「毎日やるか、まったくやらないか」というものではないということを肝に銘じておいてほしい。

三日坊主で「途切れ途切れ」になってしまっても、運動は効果があるのです。ぜひ、この本を読み終えたらすぐに、ウォーキングシューズに履き替えてもらいたいと思います。

学んだこと

【休み休みでも運動すれば効果がある】

コラム5　起業直後の女神

「清水さん、そろそろ時間ですか？」

「もうそんな時間か。ごめん、バイト行ってくるわ」

「行ってらっしゃい」「頑張ってください！」「社長！」

僕は渋谷のオフィスを出ました。山手線と中央線を乗り継いで、向かう先はアルバイト先がある御茶ノ水。大手予備校が経営する学習塾です。

そこから仕事をもらっているわけではありません。会社を創ったものの、売上がゼロの状態が続いていたので、僕は塾でアルバイトを続けていました。塾のカウンターに座って、来た子ども達一人ひとりに笑顔で話しかけていきます。

「〇〇さん、こんにちは。今日は早いね、バスケの練習は？」

「昨日試合だったんでオフなんです。ってか清水さん、聞いてくださいよぉ。昨日お父さんにこんなこと言われちゃってぇ」

中高生の相談に乗ったり、事務作業をしたり、時々集団授業を担当させてもらったり。

社員さんに可愛がって頂いていたので、その時の経験は今の仕事に直結しましたが、自分の手帳に「バイト 17:00-21:00」と記入することは、正直なところ、つらいものがありました。周りの仲間には「教育を変えよう！」と宣言していたのに、社長はバイトで早帰り。

「みんなは俺のこと、どう思っているんだろう……」

少しずつ、スタッフの目が気になるようになりました。会社は創ったものの、鳴かず飛ばず。ブログを書いてみたり、「文武両道.com」のWebサイトを作ってみたりしましたが、いきなり生徒が来てくれるはずもなく、プラスティーは「形だけの会社」でした。このまま生徒数がゼロの状態が続いてしまうのでは、と誰もが不安に思っている時のことでした。

「私が個人で通っている家庭教師先、紹介しましょうか。しかも、私の給料、ゼロにしてもいいですよ」

「え？　今なんて言った？」

会社のメンバーになったばかりの後輩Kさんの言葉に、僕は耳を疑いました。会社契約にして良いということは、自分の取り分は減ってしまう。それどころか、それすら会社に入れてくれるという。

（この子は女神か……？）

早速その生徒さんを紹介してもらいました。ただ、無給で働いてもらうのは申し訳なさすぎるので、給与はしばらくしてから後払いにさせてもらうことにしました。

「ありがとう。でも、ごめん」

会社の記念すべき最初の売上は、後輩に譲り受けてもらったものです。こんなに献身的に支えてくれる人がいるんだ。1日でも早く会社を軌道に乗せないと。でも、どうしよう。広告出すお金なんてないし……。

悩みながら、会社近くにあるお店に1人で入りました。居酒屋さんですが、定食も出してくれるようなお店でした。カウンターに1人で座ると、女将《おかみ》さんが話しかけてくれました。

「あら、どちらの学生さん？」

「あ、一応東大です」

東大生は名乗る時に「一応」とつけると聞いたことがありますが、自分も同じことをしていると気づいて不思議な気持ちになりました。

「あら、東大の学生さんなの。うちの子、全く勉強しなくてねぇ」

「受験生ですか？」

「そう、浪人しているの。高知の高校から上京したばかりで、右も左もわからず近所の予備校に通っているわ。国立を目指しているんだけど、全然成績が上がらなくて困っているの」

背中がゾクッとしました。

（これって、チャンス？）

「まず、大学受験の仕組みはこうなっています。1月にセンター試験があって、その対策は12月からで大丈夫です。でも、そのためには8月までに基礎を固めていなければなりません。今は6月ですから、英語であればあと2ヶ月で単語帳や文法問題集を1周終わらせたいところです。おすすめの単語帳は、駿台文庫の『システム英単語』です。日本語と英語だけでなく、フレーズで覚えながら進めていくことができます。文法は……」

2〜3分で滝のように説明をしました。受験までの道のりがイメージしやすいように、時系列に沿って具体的に話しました。

「へぇ〜、なるほどね」「そういうことだったのね〜」

うなずきながら真剣に聞いてくださり、最後にこう言ってくださいました。

「一度、うちの息子に会ってくれない？　できればこのお店で家庭教師してもらえないかしら。ご飯代は私が持つから！」

（やったー！）

親からお金を一切借りずに起業したので、当時は食費も心配な状態でした。1日でも晩ご飯を出して頂けるのは、有り難いお話でした。

何より、初仕事です。生徒、第一号。

「ワンチャンス、ワンゴール」

白熱する議論の中、ふと1人で、ホッケー部の先輩の言葉を思い出しました。チャンスはなかなか来ないから、チャンスが来たら絶対に決めろ、という意味です。

（たぶん、あの時はチャンスだったんだな）

仕事のゴールは売上が立つことではありませんが、いざという時のために準備は早めにしておこうと思うようになりました。

家庭教師ならぬ、「居酒屋教師」でしたが、とにかくお仕事を頂けるということが、何よりも嬉しい出来事でした。

第17のルール
「五感」を鍛える

既刊本にて僕も書いてきたことではありますが、「五感をフル活用して勉強する」とはよく聞く話です。

たとえば、音読をしたり、指でなぞりながら読んだり、歩きながら覚えたり。もちろん、効果的ですので、まだやっていない方はすぐに始めてみてください。

それらは多くの本で語られていることですので、この本では割愛して、その一方であまり語られてきていない、五感の鍛え方について書いてみたいと思います。

身体が脳を支配する

僕が五感の大切さを知ったのは今から5年前のことです。

その頃、僕は処女作『習慣を変えると頭が良くなる』(高陵社書店)という本の影響で、少しずつ講演をさせてもらい始めていました。でも、講演なんて初めての経験ですし、緊張ばかりしていました。「どう話せば良いのか、よくわからないなぁ」といつも悩んでいました。

その頃、知り合いの紹介で、振付家の香瑠鼓《かおるこ》さんと出会いました。香瑠鼓さんのことは、「カリスマ振付師」としてテレビのドキュメンタリー番組によく出ておられますから、ご存じの方もいるかもしれません。SMAP香取慎吾さんの慎吾ママの「おはロック」、B.B.クィーンズさんの「おどるポンポコリン」の振付をされた方です。

CMでは「きっかけはフジテレビ」シリーズなどの振付をされ、「業界随一のヒットメーカー」の異名を持つ方です。

香瑠鼓さんは、表現のプロフェッショナルですから、「どうすればうまく表現することができるのか」を率直に質問させてもらいました。

すると、1つのシンプルなアドバイスを頂きました。それは、身体を開くこと。

「講演を始める前に、グーッと両腕を広げてみるといいですよ」

そう言われたので、その通りグーッとしてみたところ、あら不思議。心が開けていくではありませんか。

「五感を使って周りの空気をキャッチするんです」と香瑠鼓さんはおっしゃっていましたが、この体験を経て、ある気づきがありました。

それは、今までは「脳が身体を支配している」と思っていましたが、「身体が脳を支配する」という面もあるのだということです（前のルールの運動とつながるところがありますね）。

それ以来、講演前には両腕を広げるようにしています。講演は聴衆が１０００人を超すこともあるのですが、そうなると周りのパワーに押され、負けてしまうこともあります。そうならないためにも、会場に入ってからグーッと両腕を広げるのです。

そうすると、聴衆の皆さんの空気がわかり、一体化する気がしてきます。これは、講演でなくても、プレゼンや会議でも使えますし、僕は塾の授業前にも実践しています。グーッと腕を広げるだけなので、楽ですし、おすすめです。

それ以来、5年間、香瑠鼓さんに教えてもらいながら五感について関心を持つようになりましたが、最近面白い本と出合いました。解剖学者の養老孟司さんと環境保護活動家C・W・ニコルさんの対談本、『「身体」を忘れた日本人』（山と渓谷社）です。そこで、養老先生はこのようにおっしゃっています。

文明社会は、気温も明るさも一定で、風も吹かないという環境をつくりたがります。

それが必要なときもあるけれど、そういう環境では感覚があまり働かない。だから、自然の中で、温度も変わるし、太陽も動くという環境で、五感を鍛えたほうがいいと思うんです。（注：傍線は著者による）

五感を鍛えるためには、自然の中に行くのが良い、ということです。確かに、香瑠鼓さんも著書『脳とココロとカラダが変わる　瞬感動∞ワークショップ』（高陵社書店）で、都会は情報が氾濫しておかしくなるから、そういう時は自然の中に行く、と書かれていま す。

「養老先生、なるほどなぁ」と読み進めていくと、面白いメッセージが書かれていました。それは、「子どもも、大人も外で遊べ」というもの。誠に僭越《せんえつ》ではありますが、これには全面的に賛成です。

僕自身も、5年前から、なるべく自然に出るように心がけています。出張で全国をまわらせてもらっていますが、暇を見つけてはホテルから抜け出しています。

出張には、必ずランニングシューズを持っていきます。青森であれば、山や川へ。宮崎であれば、海へ。その地域を感じながら、ゆっくり走り続けます。都会から離れると、心が洗われて、神経が研ぎ澄まされていきます。その後に講演をさせてもらうと、面白いことに、不思議とうまくいきます。

自然の大切さについて書いてきましたが、都会にいても出来る限りのことを実践しています。

たとえば、日光浴です。やることは簡単です。晴れてきたらオフィスのブラインドを上げ、目をつぶって数分間、日光浴をするのです。これだけで力がみなぎってきます。

そして、ご存じの通り、日光浴には嬉しい作用があります。それは、「良質な睡眠」を提供してくれる、ということ。太陽の光を浴びると、体内からセロトニンという物質が分泌され、その量に応じてメラトニンが分泌されるのです。そのメラトニンという物質が増えると、夜に気持ちが落ち着き、眠くなります。

ちなみに、目をつぶる、という行為も重要であるようです。医師の築山節《たかし》先生は、『脳と気持ちの整理術――意欲・実行・解決力を高める』(NHK出版)の「アイデアを生み出す技術」の中でこのように言われています。

日中でも、脳を休め、リラックスする時間をできるだけ持った方がいいでしょう。

このときポイントになるのは、特に「目を休める」ということです。意識していないと分からないことですが、**目から入ってくる情報は、脳に大きな負担をかけています。**

デスクワークで疲れた方は、窓の外に顔を向け、静かに目をつぶってみてはいかがでしょうか。そのまま寝てしまうと周りからの目が怖いと思いますが、目をつぶって「電源オフ」の時間を取ると、気分もスッキリしてくるはずです。

「本物」と「一流」に触れる

さて、自然と接する大切さについて書いてきましたが、自然に接する以外にも、心がけていることがあります。それは、「現物」に触れる、ということです。「自分の感受性くらい 自分で守れ ばかものよ」と詩で詠まれたのは茨木のり子さんですが、感性を磨くよう、常に心がけているつもりです。

たとえば、音楽は、出来る限り「生」に近い状態で聴こうとしています。コンサートに行ければベストですが、いつもは行けません。ステレオはＯＮＫＹＯ製の高品質のものにしていますし、ＰＣからの音も、ＯＮＫＹＯのスピーカーで聴くようにしています。

絵画についても、同じです。美術館や個展には足しげく通っていますし、それ以上に、毎日接することができないか、つまり、生活の一部にできないか、と少しずつ絵も集めています。

これはご本人から頂いたものですが、版画家として有名な井上勝江さんの大きな版画が、僕の書斎には置いてあります。まだまだ僕はその価値が理解できていないはずですが、思い切って背伸びをして「本物」「一流」と一緒に生活することで、少しでも感性を磨こうとしています。

今の時代は、テレビやインターネットで、疑似体験ができるようになりました。その場所に行かなくても「Google Earth（グーグルアース）」を使えば、あたかもそこにいるような感覚になってきます。音楽もすぐにその場でダウンロードすることができますし、会っていない人ともSNSを通して「つながっている」ような気分を味わうことができます。

僕はこの時代を否定しているわけではありません。自分自身も「デジタルネイティブ」世代（学生時代からインターネットやPCに慣れ親しんできた世代）ですし、この時代に生まれてきてよかったと、テクノロジーには心から感謝しています。

でも、こんな時代だからこそ、自然も含めて「現物」に触れることが大切なのではないか、と考えています。歌手の矢沢永吉さんは「ダウンロードの時代だからさ、ダウンロードできないことをやろうよ」とおっしゃったそうですが、時代が変わっても、変えてはいけない感性の磨き方もあるのではないか、と最近考えるようになりました。

それには少しお金もかかってしまうかもしれませんが、感性を磨くための「自己投資」だと考えて、僕は収入の5～10％くらいを「現物」に触れるために費やし、経験を積むように心がけています。

学んだこと

【収入の10％を経験に使う】

あとがき

自分の経験を書き連ねることは、とても恥ずかしいことです。

今まで9冊の本を書いてきましたが、そんなことは書いたことがなかったので、なおさらです。今までの本を読んでくださった方からすると、「イメージが変わった」と感じられるかもしれません。確かに、今までの自分のイメージを壊す必要もなかったのかもしれませんが、1つの想いから、勇気を出して筆を執ることにしました。

何かの壁にぶつかった時、僕は本に救われてきました。

たとえば、ヘミングウェイの『キリマンジャロの雪』という本の冒頭を、度々読み返します。


キリマンジャロは標高6007メートルの雪におおわれた山で、アフリカの最高峰である。西側の山頂はマサイ語で「ヌガイェ　ヌガイ」、神の家と呼ばれている。その「神の家」近くに、一頭の干からびた豹《ひょう》のしかばねが凍りついている。豹がこんな高地に何を求めてやってきたのか、理由は誰にもわからない。

「そう、俺の人生も豹と同じ。理由もなく高みへと向かっていくのだ」

孤高の豹を頭に浮かべ、そう思う……のであればかっこいいのかもしれませんが、そんなはずはありません。

「ああ、キリマンジャロの豹の真似はできないけれど、誰かと一緒なら頑張れるかもしれない。仲間がいるだけ、自分は恵まれているのだろう」

そのように考えて、心を落ち着かせています。

この本が、壁にぶつかっているどなたかの背中を押すことができたり、新しい1歩を踏み出すどなたかを応援することができたりすれば……。

そう思って、書き続けました。1人でもそういう読者の方がおられれば、僕は自分の恥ずかしい経験を書き連ねて良かったと思います。

この本を書くにあたって様々な方のお世話になりました。幻冬舎さんには出版の機会を頂き、幾度も励まして頂きました。作曲家の菅原直洋様、東急不動産の五島順様にもアドバイスを頂きました。日々関わっている生徒達、保護者の方々からも多くの学びを頂いています。

八尾直輝、長江政孝、渡邉健太郎、岸誠人、綿貫知哉、植村俊介、飯田淳一郎、佐藤大地、鈴木繁聡、西川博謙、椎葉直樹をはじめとするプラスティーの社員達。皆さんが支えてくれているお陰で、僕は本も書けるし、出張にも行けるし、夢も追いかけられます。心強く思っています。

最後になりましたが、いつも支えてくれている妻と育ててくれた両親、そして2人の兄に感謝の意を表します。

2016年冬　清水章弘

〈著者紹介〉
清水章弘　株式会社プラスティー教育研究所代表取締役。1987年千葉県生まれ。東京大学教育学部を経て、同大学院教育学研究科修士課程修了。大学では体育会ホッケー部で活動する傍ら、自身の時間の使い方、学習法を体系化し、20歳でプラスティーを起業。2012年より青森県三戸町教育委員会学習アドバイザーを務め、全国の自治体や学校と連携。東京と京都で「勉強のやり方」を教える塾プラスティーを経営し、自身も毎日教壇に立ち続ける。著書に『現役東大生がこっそりやっている、頭がよくなる勉強法』『頭がよくなる7つの習慣』などがある。プラスティー東京校、京都校の詳細、講演依頼はこちらへ。
TEL:03-6280-7230　http://plus-t.jp/

東大生が知っている!
努力を結果に結びつける17のルール
2016年1月25日　第1刷発行

著　者　清水章弘
発行者　見城 徹

発行所　株式会社 幻冬舎
〒151-0051 東京都渋谷区千駄ヶ谷4-9-7

電話:03(5411)6211(編集)
03(5411)6222(営業)
振替:00120-8-767643
印刷・製本所:株式会社 光邦

検印廃止

Printed in Japan
ISBN978-4-344-02880-7 C0095
幻冬舎ホームページアドレス　http://www.gentosha.co.jp/

この本に関するご意見・ご感想をメールでお寄せいただく場合は、
comment@gentosha.co.jpまで。